4894
LE MORVAN
HIS LIIIA ZUABIMUR ARMIS
SAULIEU
ET SA RÉGION
GUIDE
DU
TOURISTE
PRIX: 0f.50

SAULIEU & SA RÉGION

GUIDE ILLUSTRÉ

PUBLIÉ PAR

LE SYNDICAT D'INITIATIVE DE SAULIEU

BUREAUX ET SIÈGE :

SAULIEU, 4, Rue Roze

Renseignements par Correspondance ou verbalement sur le MORVAN

EXCURSIONS, ITINÉRAIRES

HOTELS, PENSIONS, VOITURES, etc.

S'adresser à M. G. GERVAIS

10, Rue du Marché, SAULIEU

IMPRIMERIES RÉUNIES DE NANCY

95 à 101, Rue de Metz, 95 à 101

1909

Syndicat d'Initiative
DE SAULIEU ET SA RÉGION
4, Rue Roze — SAULIEU

COMITÉ 1909

Membres d'Honneur :

M. BOIRE, Ingénieur civil, Administrateur de la Cie P.-L.-M.

M. LE PRÉFET de la Côte-d'Or

M. MAGNIEN, Sénateur, Président du Conseil général de la Côte-d'Or.

M. BAUDENET, Conseiller d'État.

M. COMTE DE FRANQUEVILLE, Membre de l'Institut.

M. CUNISSET-CARNOT, Premier Président à la Cour d'Appel de Dijon.

M. PIOT, Sénateur.

M. PHILIPPOT, Sénateur.

M. DOCTEUR RICARD, Sénateur.

M. FLANDIN, Sénateur.

M. GÉRARD-VARET, Député.

M. CARNOT, F., Député.

M. PÉRIER, Député, Maire d'Autun.

M. CHANDIOUX, Député.

M. DOCTEUR MESLIER, Député.

M. Le SOUS-PRÉFET de Semur.

M. COMMANDANT BARON DE FONTANGES.

M. MARQUIS DE MONTBOISSIER.

M. DOCTEUR CHAUVEAU.

Mme BUNIOT.

Mme DEVAUX.

Membres Bienfaiteurs :

COMITÉ DE COMMERCE DE SAULIEU.

SOCIÉTÉ DE SAINT-ELOI.

SOCIÉTÉ ÉLECTRIQUE DE SAULIEU.

M. BIZOUARD-BURLET.

M. BIZOT, Banquier à Paris.

M. BOBIN, ancien Maire.

M. CORTOT, Avoué à Paris.

M. COURTOIS, Notaire.
M. Comte Etienne de WIGNACOURT.
Mlle de SAIZEREY
M. Docteur VERDIN, à PARIS.
M. ADNOT, Notaire.
 VILLE DE POUILLY-EN-AUXOIS.
 COMMUNE DE CLAMEREY.
M. Ferdinand BONNARD, ancien Conseiller général, ancien
  Maire.
M. DEDIOT, Notaire.
M. MORICART, Notaire.
M. PASSIER, ancien Maire de Chissey-en-Morvan.
M. Baron LE PELLETIER.
M. RENAUD, Ingénieur.
M. Albert PRÉVOST, Négociant en Vins.
M. Colonel Baron DUTHEIL DE LA ROCHÈRE, Com-
  mandeur de la Légion d'honneur.

Bureau :

Président	M. A. GUILLAUME, Médecin-Vétérinaire.
Vice-Présidents.	{ M. ROCLORE, Directeur des Enfants Assistés. { M. DENIZOT, Négociant.
Secrétaires	{ M. DUCIEL, Négociant. { M. l'Abbé GRIVELET.
Trésoriers.	{ M. A. GERVAIS, Négociant. { M. GAUTHIER, Huissier.
Archiviste.	M. G. GERVAIS, Négociant.

Membres :

M. MORICART, Notaire.
M. Victor PRIMARD, ancien Maire.
M. Albert PICARD.
M. CARRÉ, ex-Huissier.
M. BUDIN.
M. Léon GARNIER, Négociant.
M. PERSONNE, Greffier.
M. Félix DENIZOT, Négociant.
M. LARCHEY, Droguiste.
M. LABILLE-ROUSSEAU, Négociant.
M. CHAUMIEN-JULIEN, Négociant.
M. Just ROUSSEAU, Négociant.
M. l'Abbé BRAUX.
M. FRENCH, Négociant.

Voies de Communications

Chemins de fer, Compagnie P.-L.-M. — Saulieu est desservi par la ligne de Cravant à Autun.

Le train 2621 est direct de Paris à Autun, et le train 2628 est direct d'Autun à Paris.

Compagnie du Sud de la France. — Ligne de Beaune à Semur, par Arnay-le-Duc et Saulieu. — Points de contact avec la Compagnie P.-L.-M. : Beaune (ligne de la Bourgogne) ; Bligny-sur-Ouche (ligne d'Epinac à Dijon) ; Arnay-le-Duc (ligne d'Epinac aux Laumes) ; Saulieu (ligne de Cravant à Autun) ; Semur (ligne d'Avallon aux Laumes).

Société Générale des Chemins de fer Economiques. — Ligne de Saulieu à Corbigny, par Montsauche et Lormes prolongée jusqu'à Nevers, par Chitry et Saint-Saulge. — Points de contact avec la Compagnie P.-L.-M. : Saulieu (ligne de Cravant à Autun) ; Corbigny (ligne de Clamecy à Cercy-la-Tour) ; Nevers (ligne du Bourbonnais).

Saulieu est traversé par plusieurs routes nationales et chemins de grande communication d'une viabilité excellente.

Route Nationale n° 6. — De Paris à Chambéry par Avallon, Rouvray, La Roche-en-Brenil, Saulieu, Arnay-le-Duc, Chalon-sur-Saône.

Route Nationale n° 77 *bis*. — De Nevers à Dijon par Château-Chinon, Planchez, Montsauche, Le Sault-de-Gouloux, Saulieu, Thoisy-la-Berchère, Pouilly-en-Auxois.

Route Nationale n° 80. — De Mâcon à Châtillon-sur-Seine par Autun, Lucenay-l'Evêque, la Pierre-Ecrite, Saulieu, Précy-sous-Thil, Semur.

Chemin de grande Communication n° 15. — De Saulieu à Cordesse, par Liernais, Brazey-en-Morvan, Bar-le-Régulier. Ce chemin, plus facile que la route Nationale n° 80, est préféré à cette dernière par les automobilistes. Il est le plus direct de Saulieu à Autun, et rejoint à Cordesse la route Nationale n° 5, d'Autun à Dijon par Arnay-le-Duc.

Chemin de grande Communication n° 15. — De Saulieu à Lormes, par Saint-Brisson, La Roche-du-Chien, Dun-les-Places.

Dans la direction de Lamotte-Ternant, Fontangy et St-Thibault, il n'existe qu'un chemin vicinal par Lamotte-Ternant, Chazelle-l'Echo, Noidan.

Nous signalerons encore trois routes qui, bien que ne passant pas à Saulieu, traversent la région décrite dans ce guide, ce sont :

Route Nationale n° 70. — D'Avallon à Combeaufontaine (Jura), par Rouvray, Précy-sous-Thil, Vitteaux et Dijon.

Route Départementale n° 1. — De Semur à Verdun-sur-le-Doubs, Pont-Royal, Saint-Thibault, Beurizot, Pouilly-en-Auxois.

Chemin de grande Communication n° 20. — De Vézelay à Autun par Quarré-les-Tombes, Saint-Brisson, Alligny-en-Morvan.

SAULIEU, chef-lieu de canton du département de la Côte-d'Or (3.550 hab.). Patrie de SAVOT, médecin de Louis XI; Claude SALLIER, philologue, membre de l'Académie Française; l'abbé COURTÉPÉE, auteur de la *Description du Duché de Bourgogne*.

Eclairage électrique. Hôpital fondé à l'époque des premières Croisades.

Collège communal fondé en 1530.

Institutions de jeunes filles :

Ecole Primaire Supérieure, rue Danton (rue Saint-Saturnin);

Ecole Libre, rue de l'Abreuvoir.

Postes, Télégraphe et Téléphone, rue du Collège.

Bibliothèque populaire (4.000 volumes), rue du Collège.

EN MORVAN

as plus qu'il n'est indispensable de s'élever à deux mille mètres au-dessus du niveau des eaux salées pour respirer et prendre le frais, il n'est nécessaire de faire des milliers de kilomètres et de s'emprisonner quinze heures durant dans des wagons surchauffés pour trouver le repos et détendre ses nerfs en de délicieuses villégiatures.

La mode capricieuse et fantasque a établi des courants vers la Suisse, vers les Alpes de la Savoie et du Dauphiné, vers les Pyrénées, vers l'Auvergne et vers les Vosges ; elle a complètement, jusqu'ici, oublié et négligé le Morvan.

Pourtant le Morvan, cet extrême éperon granitique par lequel le Massif Central se soude aux Faucilles, avant-monts des Vosges, et dont les croupes harmonieuses s'étendent sur une partie des départements de la Nièvre et de la Côte-d'Or, renferme d'admirables stations d'été. C'est la seule portion de notre France que le déboisement n'ait pas ravagée.

D'épaisses forêts, aux essences variées, tapissent le massif tout entier d'une toison opulente et inégalée, emplissant les vallons, couvrant les pentes et les cimes d'un manteau de verdure ininterrompu.

Dans les fonds ombreux, sous les séculaires ramures, le Ternin, l'Yonne, la Cure, le Cousin dégringolent en cascatelles leurs durs escaliers de granit. La truite frétillante y abonde et les forêts sont giboyeuses.

Des hôtels simples et propres, des auberges et des pensions où les draps sentent bon la lavande, où les menus copieux et bien préparés se composent de truites, d'écrevisses, de volailles tendres et dodues, de gibier à poil et à plume dès septembre, le tout pour cinq à six francs par jour, que faut-il de plus pour donner à cette région délaissée la notoriété touristique, y attirer les familles en quête de bon air, de promenades faciles, de repos champêtre ?

Les routes taillées dans le porphyre, établies sur le granit, sont excellentes, bien entretenues, invitantes au vélocipédiste et au chauffeur ; la sécurité est absolue ; on se promène à l'aise dans tout le Morvan, comme dans un immense parc artistement tracé par la bienfaisante Nature.

Enfin, le Morvan est presque aux portes de Paris, et Paris le connaît à peine, si ce n'est que par les nourrices qu'y amènent les « meneuses » et par les petits abandonnés qu'y hospitalise l'Assistance publique et qui y trouvent la santé physique et morale, adoptés par les braves gens de là-bas, traités en frères et sœurs par les petits Morvandiaux, en attendant que, devenus grands, ils s'y établissent, souvent s'y marient et se confondent avec la population indigène, accueillante et douce à ces infortunes imméritées.

Saulieu, Avallon, Autun et Château-Chinon, les capitales du Morvan, ne sont guère qu'à trois cents kilomètres de Paris, une misère à notre époque de locomotion rapide et de longs parcours prestement accomplis. Mais voilà où le bât blesse, voilà ce qui explique que le Morvan soit resté en dehors du grand mouvement du tourisme : la région n'est pas traversée par les grandes voies ferrées ; elle n'est desservie — et combien maigrement ! — que par des tronçons transversaux greffés sur les grandes artères du Bourbonnais et de la Bourgogne, et ces tronçons sont parcourus par des trains d'une lenteur désespérante formés de voitures de vieux modèles.

Cependant, les trajets sont ravissants ; et qu'on aborde le Morvan par la vallée de l'Yonne et Auxerre, par Saulieu, Semur ou par Avallon, par Chagny du côté oriental, ou, sur le versant occidental, par Nevers et la vallée de la Loire, aux riches prairies d'embouche où se prélassent de belles vaches à la robe toute blanche, c'est un ravissement, une joie des sens, un plaisir des yeux.

Saulieu, point de rencontre des petites voies ferrées de Corbigny, de Semur et de Beaune par Arnay-le-Duc, avec la ligne d'Avallon à Autun du P.-L.-M., est une station de cure d'air et le point de départ pour de nombreuses et intéressantes excursions : au château de *Thoisy-la-Berchère*, où coucha Henri IV et qui renferme des merveilles, notamment un Raphaël authentique et les tapisseries qui ornaient la tente de Charles le Téméraire ; au *Monastère de la Pierre-qui-Vire*, si délicieusement caché dans de sombres et vastes forêts, véritables océans de verdure d'où émerge la blanche et svelte silhouette de l'église abbatiale ; au *Réservoir des Settons* créé pour le flottage des bois, une industrie toute morvandelle, et qui est un véritable lac encadré de bois magnifiques avec des îles, des baies, des promontoires, où affluent à la fin de l'automne les oies et les canards sauvages.

Un ruban sinueux de 52 kilomètres passant par le joli site du Saut-de-Gouloux et par Montsauche, descendant dans des ravins boisés, enjambant la vallée de la Cure, gravissant les pentes forestées, parcourant des plateaux aux vastes horizons, relie Saulieu à Château-Chinon.

J'ai gardé d'inoubliables souvenirs de mes randonnées à travers ces régions délicieuses et non encore polluées du Morvan et de l'Auxois.

Ce sont des terres d'élection, rudes mais saines, où il fait bon s'arrêter dans la course furieuse de la vie, faire halte un instant, reprendre haleine durant quelques jours, vivre de la vie simple et salubre de la nature pour se reposer de la vie factice et malsaine des grandes villes, reconquérir des forces et de l'énergie pour l'âpre lutte et le combat sans autre issue que la mort, sans autre fin que la tombe.

Je pense souvent à vous, édens de la douce France où, paisibles et pareils, les jours succèdent aux jours, où la vie s'écoule lente et sans heurts, vraiment savourée et réellement vécue ; j'aspire après vous, j'ai soif de vous comme la fleur desséchée a soif de la goutte de rosée.

Evidemment, ces coins de paix ne sont pas des villégiatures mondaines. Il faut une mentalité autre que celle du boulevardier pour les comprendre, s'y attacher et les aimer; et je n'y enverrais certes point ce Parisien de Paris avec lequel je fis route dernièrement et qui, renfrogné, maussade, se tenait dans une réserve presque agressive au fond de la voiture qui nous ramenait tous deux au chemin de fer et qui nous avait pris au seuil de la même auberge, blottie dans un vallon fleuri, tout imprégné de balsamiques senteurs des sapinières serrées et drues.

Il ne parlait point, ne regardait pas le paysage, et je ne fis rien pour l'arracher à son mutisme obstiné. Pourtant, quand la gare se révéla toute proche par la route longeant le ruban d'acier, mon compagnon se dérida, desserra les lèvres et joyeusement s'écria :

— Enfin !

— Vous vous ennuyiez donc là-bas ? fis-je en réponse à son interjection brève et lancée comme un défi.

— Si je m'ennuyais ! si je m'ennuyais ! articula mon Parisien avec force. Et, mettant ses yeux dans mes yeux, le buste en avant, les bras croisés, il ajouta sentencieusement :

— Mais comment peut-on vivre dans un endroit pareil, où les journaux du matin de Paris ne parviennent qu'au bout de trente-six heures et où, vous m'entendez bien, Monsieur, on ne peut pas même avoir de croissants ni de brioches avec le café au lait du petit déjeuner !

HENRI **BOLAND,**

du Touring-Club de France.

THE MORVAN

Nobody thinks it indispensable to climb six or seven thousand feet above the level of the salt water in order to breathe and enjoy its refreshing breezes: no more then is it necessary to travel some thousand kilometres cooped up in stuffy carriages in order to find rest and undo the effects of nervous-strain in a pleasant country change.

Fashion, here as ever capricious and fanciful, has set up currents towards Switzerland, towards the Savoy and Dauphiné Alps; her devotees turn their steps towards the Pyrenees, too, Auvergne and the Vosges, but never towards the Morvan: it alone is completely forgotten and neglected.

This is all the more inexplicable since the Morvan, that extreme granite spur by which the Massif Central is joined to the Faucilles, those first heights, fore-runners of the Vosges, with their harmonious ridges which extend over a part of the department of the Nièvre and the Côte-d'Or, has in it many splendid summer-resorts. It is the only portion of our France which has not been disfigured by deforestation.

Thick forests of various species deck the whole massif with a covering unparalleled in its richness, filling the valleys and clothing the slopes and peaks with an unbroken cloak of green.

In the shady depths under the boughs of the time-honoured trees, the Ternin, the Yonne, the Cure and the Cousin roll down in a hundred waterfalls over their hard granite stairways. There is no lack of lively trouts and the forests abound in game.

Hotels plain but clean, inns and pensions where the sheets are sweet-scented with lavender, where the copious well-prepared menus are made up of trout, crawfish, fowls tender and plump, to which is added, from September onwards, game both " fur " and " feather " all for 5 or 6 francs per day: what more is needed to bring to this unfrequented district the required notoriety among tourists and to attract to it families in quest of fresh air, easy walks and restful country-life?

The roads, cut out in porphyry and built on granite, are excellent, being well-kept and such as to delight the heart of the cyclist and the chauffeur. Their safety is absolute and walking may be indulged in freely through the whole of the Morvan as if in a vast park artistically laid out by the beneficent hand of Nature.

In a word the Morvan is almost at the gates of Paris, and Paris scarcely knows it : unless by the nurses who are brought to the great city by the " meneuses " (1) or by the little waifs boarded out there by the Assistance Publique. The latter, adopted by the good folk of the country and treated as brothers or sisters by the little " Morvandiaux ", find among them health of body and mind and, when they grow up, settle down there for good, often marrying and mixing with the native population which has shown itself so kind and warm-hearted to these victims of undeserved misfortune.

Saulieu, Avallon, Autun and Château-Chinon, the capitals of the Morvan, are little more than three hundred kilometres from Paris, a mere trifle in these days of rapid locomotion and of long journeys quickly accomplished. But it is here that the shoe pinches, here we shall see why the Morvan has remained outside of the great tourist movement. The district is not crossed by the great railway systems : its only train-service an unsatisfactory one is by means of transversal sections grafted on to the large arteries of the Bourbonnais and of Bourgogne ; which sections are served by trains whose leisurely seed is made all the more annoying by the discomfort of old-fashioned carriages.

But the country travelled through is very fine : whether one appraches the Morvan by the valley of the Yonne and Auxerre, by Saulieu, Semur, or by Avallon, by Chagny on the east, or on the western slope by Nevers and the Loire valley with its rich pastures, where the beautiful pure-white cows take their ease — it is delightful, a joy to the senses, a pleasure to the eyes.

Saulieu, the junction of the small local lines from Corbigny, Semur and Beaune by Arnay-le-Duc, with the P.-L.-M. line from Avallon to Autun, is an air-cure station, and the starting-point for numerous interesting excursions : to the Château de Thoisy-la-Berchère, where Henri IV slept and where are to be found many wonders, notably an authentic Raphael and the tapestries which ornamented the tent of Charles the Bold ; to the Monastère de la Pierre-qui-Vire (the Monastery of the Turning-Stone) so beautifully hidden in dark wide-spreading forests, veritable oceans of green from which emerges the shapely white silhouette of the abbey-church ; to the Reservoir des Settons constructed for the floating of wood, an industry confined to the Morvan, wich is really a lake encircled by magnificent woods with islands, bays and promontories to which there flock in the end of autumn wild geese and ducks.

A sinuous ribbon 52 kilometres long, passing by the lovely site of the Saut de Gouloux and by Montsauche, descending into wooded ravines, crossing the valley of the Cure, climbing forest-clad slopes

---

(1) Agents for wet-nurses.

and passing over uplands with vast outlooks, connects Saulieu to Château-Chinon.

I retain among my pleasantest recollections the memories of my rambles through these delightful and still unpolluted regions of the Morvan and the Auxois.

These are choice lands, rough but healthy, where it is good to stop in the mad race for life, make a brief halt and take breath for a few days, living the simple wholesome life of nature as a rest from the factitious unhealthy life of the large cities; and so regain strength and energy for the keen struggle whose only issue is death, whose only end the tomb.

I often think of you, Edens of sweet France, where, peaceful and uniform, day succeeds day, where life flows by, slow and undisturbed truly enjoyed and really lived: I long for you, I thirst for you, as the parched flower thirsts, for the dew-drop.

Obviously these peaceful corners are not fashionable country-resorts. A quite different turn of mind from that of the " boule-vardier " is needed to understand them, to become attached to them and love them, and I would never send to them the Parisian of Paris whom I had lately as travelling-companion. Scowling and sullen, he kept an almost aggressive reserve in the corner of the carriage which was taking us both to the railway, after having picked us up at the door of the same inn, hidden away in a flowery valley all impregnated with the balsamic fragrance of the thick close-set fir-woods.

Not a word came from him, not a look did he cast on the landscape, and I did nothing to rouse him from his obstinate silence. However, when the station was seen to be not far off by the road skirting the rail-road, my companion unbent and exclaimed gaily:

— At last!

— So you have been wearying down there ? said I in reply to his short interjection, uttered like a challenge.

— Wearying, do you say, wearying? repeated my Parisian distinctly and forcibly. And looking me full in the face, with chest well out and arms folded, he added sententiously.

— How at all can any one live in such a place, where the Paris morning papers arrive thirty-six hours late and where, mark my words, sir, one cannot have " croissants " or " brioches " with one's coffee in the morning ?

Henri BOLAND,

of the Touring-Club de France.

LE MORVAN

au point de vue militaire

Jusqu'au xviie siècle, le pays entre Loire et Saône n'était qu'une immense région boisée. Les moyens de communication y étaient rares et difficiles, la culture du sol rudimentaire. Une opération militaire de quelque envergure y était impossible.

C'est au seuil du Morvan, mais en dehors de ses limites, que s'est dénoué un des drames les plus poignants de notre histoire : la chute d'Alésia, la soumission de Vercingétorix à Jules César et le passage définitif de la Gaule sous la domination romaine (septembre 52 av. J.-C.).

Après la conquête, les Romains se bornèrent à occuper certains points dominants qui, reliés entre eux, facilitaient la surveillance du pays. Tels étaient dans le Morvan : Saint-Honoré, Château-Chinon, Le Mont-Beuvray (Bibracte), Montsauche et Saulieu.

Dans la suite des siècles, diverses « pilleries » de routiers et d'écorcheurs, pendant et après la guerre de Cent ans, quelques incursions de cosaques, en 1814, ne sont pas des faits militaires bien saillants.

En 1870, Garibaldi eut, pendant quelque temps, son quartier général à Autun. Son inaction permit à Manteuffel de réunir à Châtillon-sur-Seine les corps qui allaient opérer contre notre malheureuse armée de l'Est. C'est pour couvrir ce rassemblement qu'une flanc-garde occupa Saulieu.

D'ailleurs, si l'on ne tira pas d'autre parti du Morvan, c'est que toutes les forces de la France s'étaient concentrées dans Paris assiégé et dans les armées de secours.

Après 1870, le Morvan a particulièrement attiré l'attention des stratégistes. Sa situation centrale entre les bassins de la

Loire et de la Saône permet de menacer les manœuvres d'un ennemi en marche sur Paris, Orléans ou sur Lyon. Sa configuration se prête admirablement à la guerre défensive. Enfin, la voie ferrée qui entoure le massif de tous côtés permettra, grâce à quelques mesures préalables, d'assurer le ravitaillement des troupes.

Mais que l'occupation du Morvan soit le fait d'un corps chargé de harceler l'ennemi ou bien celui d'une armée obligée d'y chercher un refuge momentané, cette occupation sera probablement de courte durée. Si on lui en laissait le temps, en effet, l'ennemi ne manquerait pas d'occuper les débouchés et de rendre tout déploiement impossible. Ce serait le blocus.

Il est donc possible que le Morvan joue, dans les guerres futures, un rôle important.

Mais l'utilisation *défensive* du sol n'est qu'un expédient; seules, les qualités offensives de la race, sa volonté de vaincre, assureront la victoire. Que, le moment venu, on y fasse appel : le Morvandeau sera au premier rang.

C. CARRÉ,

Capitaine d'État-Major breveté.

MORVAN GÉOGRAPHIQUE

Le Morvan n'a jamais eu, en propre, d'existence politique ou administrative. La marche boisée, qui s'étendait jadis entre la Loire et la Saône, a joué longtemps le rôle d'isolatrice entre les populations. Elle est restée en dehors de la route des peuples, car sa nature très fruste, son climat rigoureux, son sol forestier, n'étaient pas faits pour tenter l'appétit des colonisateurs. Il a fallu toutes les ressources en hommes et en argent que possédaient les abbayes pour venir à bout de la sève médiévale. Les défricheurs de la forêt partirent des « bons pays », des bas pays, le Bazois, la Terre-Plaine, l'Auxois et l'Autunois pour monter à la conquête du « mauvais pays », le Morvan.

Eloigné des lignes d'invasion, isolé des voies commerciales, le Morvan n'a pas de limites précises dans l'histoire. Les chefs des Eduens, les préfets de Rome, les évêques d'Autun, l'administrèrent successivement. Les frontières flottèrent dans l'indécision des circonscriptions religieuses. Les archidiaconés et les archiprêtrés dépendant de l'évêque d'Autun marquaient son extension la plus grande. Parmi eux, le nom d'archiprêtré du Morvan était donné au plus méridional de tous, à celui de Decize, qui s'étendait depuis la Loire jusqu'à Villapourçon. A l'enchevêtrement des pouvoirs spirituels s'ajoutait la complication des démarcations territoriales. Le Morvan se partageait entre le Nivernais et la Bourgogne ; de là vint la distinction entre le Morvan nivernais et le Morvan bourguignon, qui a si longtemps prévalu. La Constituante utilisa cette division fondamentale pour partager la contrée entre les quatre départements de la Côte-d'Or, de la Nièvre, de Saône-et-Loire et de l'Yonne. Les limites des cantons suivirent à peu près les anciennes divisions des archiprêtrés. L'incertitude où l'on était des bornages les plus simples rendit difficile, plus qu'ailleurs en France, le partage des unités administratives. Jusqu'en 1854, les Départements plaidèrent devant le Conseil d'Etat pour la possession de hameaux limitrophes. Les mêmes raisons expliquent les variations orthographiques du mot Morvan. Les graphies ont été nombreuses : *Morvant* est la plus commune au moyen âge, *Morvand* est du xviiie siècle, *Morvan* a prévalu au xixe siècle. C'est la forme la plus conforme à l'origine celtique.

Le Morvan n'est pas une individualité historique : c'est une personnalité géographique. Bien que l'accord ne se soit pas fait, surtout au sud, sur une délimitation précise, l'uniformité des manifestations de l'énergie humaine, aussi bien que la différenciation géologique et climatérique d'avec les pays qui l'encerclent, ont donné au massif ancien une physionomie spéciale qui s'impose à tout voyageur qui le traverse pour la première fois.

L'histoire des temps archéens et primaires, des éruptions qui les ont troublés, est presque entièrement l'histoire du sol Morvandeau. Les sédiments du secondaire et du tertiaire, qui ont recouvert postérieurement le Morvan, n'ont été conservés que sur quelques horizons de faible étendue. A part ces exceptions, le rôle du terrain paléozoïque demeure au premier ordre dans la géographie morvandelle. Il a été le substratum sur lequel les grands mouvements orogéniques ont sculpté, pendant le carbonifère et le miocène, les formes topographiques. Sur la majeure partie de la contrée, ses produits décomposés ont formé le sol arable. Les gneiss, les granites, les porphyres, les schistes pourris du dévonien apparaissent successivement et côte à côte, dans une succession de zones orientées S.-O.-N.-E. qui sont demeurées classiques dans l'histoire géologique du sol de la France. Ces roches, si caractéristiques de la terre morvandelle, manquent complètement dans les bas pays qui l'entourent.

Cependant la topographie qui se présente à nous, lorsque nous l'étudions du haut du signal de Montsauche ou du calvaire de Château-Chinon, est celle d'une contrée très vieille, très usée. Le Morvan n'a rien de grandiose ; c'est à peine si, sur ses rebords, on a la sensation d'un massif montagneux. Seules les rivières ont pu creuser parfois des vallées profondes, et leurs gorges solitaires, plus encore que le relief général du pays, rappellent la vraie montagne. On se croit plutôt dans une de ces contrées qui précèdent les plissements de l'écorce ; pays de petites collines très molles, mal déterminées, « *bossillé* », a dit Vauban, pays qui n'est pas encore la montagne mais qui n'est déjà plus la plaine.

Dans la destruction du relief, les eaux ont eu ici un rôle considérable. A toutes les époques de l'histoire du Morvan, leur action s'est exercée avec d'autant plus de force qu'elles s'attaquaient à une morphologie constamment renouvelée. On a calculé qu'elles avaient enlevé aux montagnes plus de 500 mètres d'altitude. Les sédiments qu'elles ont épargnés sur le substratum ancien ont déterminé sur le Morvan trois régions naturelles qui se distinguent entre elles par leur nivellement, la disposition zonaire des roches, leur résistance à l'érosion et la différence des placages qui les surmontent. Ce sont : la zone bordière où subsistent encore les placages liasiques, le Bas-Morvan qui a gardé des témoins des mers pliocènes, le Haut-Morvan où la topographie alpine s'est le mieux conservée. Les anciens habitants du massif connaissaient parfaitement cette division, car, à la différence des conditions physiques, correspondait une diversité économique très nette. Dans chacune de ces contrées, les moyens d'existence variaient. Dans la langue du paysan, le Morvan nivernais avec sa capitale Château-Chinon, l'Avallonnais avec le grand marché d'Avallon, le Morvan bourguignon avec son centre Saulieu, étaient tous les trois de mauvais pays, mais de valeur fort inégale.

La topographie la plus sauvage du Haut-Morvan se prête moins à une exploitation régulière. Le sol est moins riche, moins bien cultivé, mais aussi la terre est plus primitive et plus vierge, la nature plus sévère et plus accentuée. Il y a plus de variété ; les bois, les landes de genêts d'un vert sombre, presque noir, alternent avec les prés d'éclatante fraîcheur.

Le Bas-Morvan est un long plateau bossué qui se développe à l'infini, sans autres accidents sur la surface, que les coupures verticales et brusques des rivières. Le faciès économique s'applique merveilleusement aux conditions physiques de la région. De maigres cultures et des étangs nombreux dans les fonds, des pâturages tourbeux sur les pentes, des taillis de chênes rabougris sur des collines adoucies qu'échancrent de nombreuses et larges vallées, un terrain d'une imperméabilité telle que l'eau y suinte de toutes parts, enfin des quantités de hameaux y dénotent une région peu favorisée.

Les eaux ont sculpté sur la zone bordière des paysages très usés. Si de l'un des contreforts les plus occidentaux de la Montagne, de la Butte de la Montagne ou du Mont Saint-Jean, on observe la partie orientale du Morvan, c'est une ligne d'horizon ondulée, parfois presque droite que l'on a sous les yeux. Dans le panorama qui s'étend très loin, on peut remarquer combien la différence des modes économiques coïncide avec la différence des assises géologiques.

A Brazey-en-Morvan, à Liernais, autour de Villargoix et de Thoisy-la-Berchère, on passe, sans transition, des landes et des fonds plats marécageux, des mares et des joncs qui marquent un substratum ancien et imperméable, à des herbages et aux grandes céréales qui sont la richesse de la Terre-Plaine et qui marquent un sous-sol calcaire. Par ailleurs, ces placages du lias décident la position de gros villages agglomérés, comme en Bourgogne, et non très disséminés, comme en Morvan. Le plat pays de Saulieu est un des plus fertiles parmi les terres morvandelles.

Ce qui demeure, après cette esquisse rapide des trois régions naturelles du Morvan, c'est l'uniformité du substratum. C'est à ce caractère que ce pays doit l'incontestable homogénéité de son économie et de son ethnographie. Hors de la région, la terre revêt d'autres parures, l'homme change de physionomie, le langage n'envoie plus les mêmes sons à l'oreille. Mais que l'on parcourt le massif ancien du nord au sud, de la Morlande d'Avallon à l'Appenelle de Luzy, ou de l'est à l'ouest du champ de foire de Saulieu à la Maladrêne de Lormes, le regard s'arrêtera toujours sur les mêmes spectacles : des collines arrondies ou déchiquetées, suivant que la terre cache les roches usées du granit et du gneiss ou couvre les formes plus sèches des porphyres et des schistes dévoniens. Au demeurant, l'ensemble est peu favorable, à première vue, à l'établissement de sociétés florissantes.

Sans doute, le tableau n'est plus si noir qu'à l'époque où Vauban représentait le Morvan comme un lieu misérable, couvert de ronces et d'épines, un mauvais pays où les gens ne mangent jamais à leur faim. Au milieu du XIX⁰ siècle, la civilisation a enfin pénétré sur le massif ancien, les marais ont été défoncés, les landes ont été défrichées ; les progrès agronomiques ont changé les conditions climatériques. L'existence du paysan est devenue meilleure. Cependant, le Morvandeau est resté étranger en quelque sorte aux grands faits géographiques qui ont marqué les temps modernes. Dans son voisinage, les usines se sont élevées, les mines se sont creusées ; il n'est ni industriel, ni manufacturier. Il n'est même pas trafiquant hors de la vente immédiate des produits de sa terre.

Quoi qu'il en soit, ces montagnes moyennes avec leur
végétation vigoureuse et trapue, la ceinture éclatante de leurs
forêts verdoyantes, la fraîcheur de leurs vallées toujours
vertes au milieu des étés les plus secs, ont aussi leur tran-
quillité bienfaisante et leur charme discret. La nature n'y a
rien de l'aspect grandiose des hautes cimes, de la majesté
sauvage des grands torrents ; elle ne présente pas non
plus les tableaux imposants des moissons luxuriantes. Mais
elle a une physionomie variée, charmante, souvent émouvante,
la physionomie d'un bocage au centre de la France. Le pays
a conservé ces deux grands traits caractéristiques de la terre
Gauloise : la forêt et le pâturage. A ce titre, comme à tant
d'autres, le Morvan mérite au moins une visite de tous ceux
qui ont gardé l'amour des choses et des êtres de la vieille
France.

Capitaine LEVAINVILLE,

Docteur de la Faculté de Bordeaux.

VILLE DE SAULIEU

ÉCOLE PRIMAIRE SUPÉRIEURE

de Jeunes Filles

L'Ecole Primaire Supérieure de jeunes filles de Saulieu, fondée en 1906, est située en dehors de la ville, sur un plateau d'où la vue s'étend sur un magnifique horizon.

Une cour immense, un grand jardin, de vastes bâtiments, un mobilier conforme aux derniers perfectionnements de l'hygiène, l'éclairage électrique, un calorifère, des cabines de bains et de douches réunissent dans cet internat toutes les meilleures conditions de confort et de salubrité.

De fréquentes promenades, une bonne nourriture, des soins attentifs et dévoués complètent et assurent le bien-être des élèves.

L'Ecole prépare aux divers examens de l'enseignement primaire : Certificats d'études primaires, élémentaire et supérieur, admission à l'Ecole Normale, Brevets élémentaire et supérieur.

Une très large part est faite à l'enseignement ménager afin de préparer les élèves à leur futur rôle de mères de famille.

Pour renseignements, s'adresser :

à Madame NOËL, Directrice.

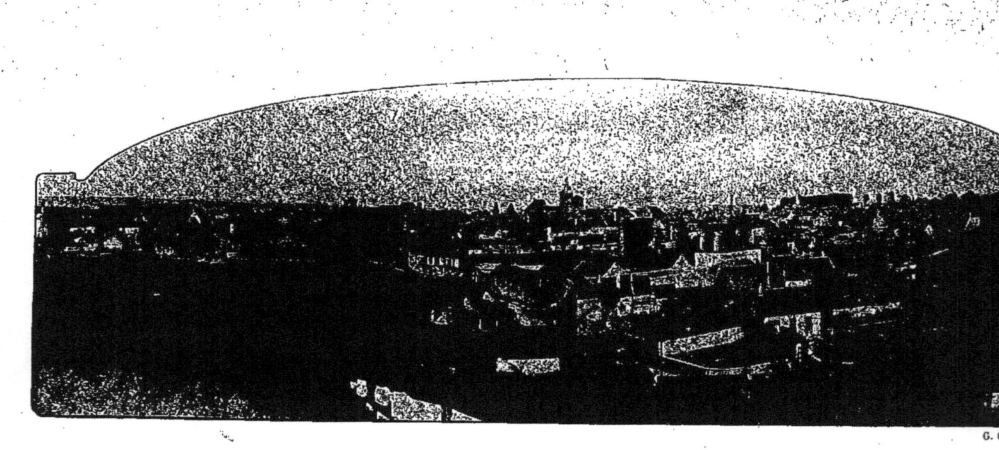

SAULIEU. — Vue générale.

SAULIEU

Saulieu est un centre choisi d'excursions. Capitale du Morvan Bourguignon, à proximité du Morvan Nivernais et du Morvan Autunois, la coquette petite ville offre aux touristes toutes les facilités pour explorer en une semaine les plus pittoresques régions morvandelles. Car, en dépit des facéties railleuses de ceux qui représentent le Morvan comme une région fuyante dont la « lisière » est partout et le centre nulle part, il y a un Morvan nettement délimité et caractérisé surtout par la beauté de ses sites et l'esprit de ses habitants.

Echelonné sur une colline verdoyante avec en face un large et ravissant panorama de l'Auxois, Saulieu se tient comme à l'entrée du Morvan, pour inviter les étrangers et les Côte-d'Oriens en particulier à y entrer. La ville elle-même mérite, d'ailleurs, de retenir leur attention quelques heures au moins. Elle offre à la curiosité esthétique de l'esprit plusieurs vestiges d'art ancien uniques en France, en même temps que tout un ensemble de points de vue charmants à qui en fait le tour et regarde en dedans et en dehors.

Tourisme et étymologie ne s'excluent pas. Les fervents de la belle nature, les amateurs d'archéologie et d'histoire sont des esprits chercheurs que les origines intéressent. D'où vient le mot *Saulieu* se demanderont-ils ?... Deux étymologies vraiment scientifiques ont été proposées récemment l'une par M. d'Arbois de Jubainville, membre de l'Institut, et l'autre par le savant allemand Much, cité par M. Alfred Holder dans la revue *Trésor de vieux celtique* (Leipzig, 1903).

D'après le premier, Saulieu vient de deux mots gaulois : *Sedios locos*, et veut dire le « lieu de Sédios », celui-ci ayant été l'habitant primitif ; tandis que, d'après le second, il vient bien de deux mots celtiques, mais de sens très différent de ceux que nous venons de citer : *Sido loucos*, « forêt de cerfs ». Les deux savants s'entendent pour attribuer à Saulieu une origine celtique. Les découvertes faites en 1660 et en 1750, sur l'emplacement présumé d'un ancien temple du Soleil, des 12 signes du zodiaque sculptés en relief sur la pierre d'une statue d'Apollon, et de quantités de médailles très anciennes, dont une subsiste au musée de Belfort, semblent leur donner raison.

Mais il n'appartient à l'histoire proprement dite qu'à partir de sa christianisation, au début du III siècle. Deux missionnaires, Andoche et Thyrse, venus d'Orient et allant d'Autun à Alésia par la voie d'Agrippa, dont il subsiste encore des vestiges et une borne milliaire, s'y arrêtèrent sur les instances d'un chrétien nommé *Félix*, originaire aussi d'Asie et fixé à Saulieu depuis quelque temps. Ils y prêchèrent la foi nouvelle et y subirent le martyre. Une grande église ne tarda pas à être élevée sur leur tombeau. Un testament de l'an 706 la mentionne sous le titre de « basilique ». Détruite par les Sarrasins, elle fut reconstruite par Charlemagne qui la dota richement, ainsi que l'abbaye des Bénédictins y annexée. Ces moines ont bâti l'église actuelle sur l'emplacement de l'église de Charlemagne disparue.

Jusqu'au XIII siècle, Saulieu fut un fief des évêques d'Autun, qui portaient le titre de comtes de Saulieu. Ils y avaient leur château et y rendaient la justice. Affranchi à partir de 1225, Saulieu eut sa vie communale marquée d'événements divers, dont le récit n'offrirait qu'un intérêt secondaire aux étrangers, auxquels ce guide est plus particulièrement destiné. La période révolutionnaire y fut malheureusement marquée par la destruction de merveilles, entre autres le célèbre reliquaire de Saint-Andoche et plusieurs livres de chœur précieux que leur richesse artistique recommandait à l'admiration. Le spécimen qui nous en reste fait plus vivement regretter ceux que la stupidité livra aux flammes.

Le nouvel arrivant à Saulieu, tout au sortir de la gare, a devant lui un aspect général de la ville et de ses abords non, certes, dépourvus d'agrément. A gauche, la flèche de Saint-Saturnin, qui pointe par dessus le pêle-mêle des toits. A droite de l'avenue montante, la verdure intense des prés où paissent çà et là de belles vaches morvandelles, avec en haut une bordure de maisons bourgeoises, dont la ligne se prolonge par les bâtiments de l'hôpital, son clocheton, sa vieille tour et, plus loin, le castel de Neuville. En face, la grande tour de Saint-Andoche profile sa silhouette noircie par les siècles. Elle paraît moins massive, plus élancée, vue d'en bas de l'avenue. En haut de celle-ci, le regard embrasse tout de suite deux monuments de l'ancien Saulieu. A droite, par de là une belle promenade publique plantée d'arbres, un bâtiment massif occupé actuellement par des écoles communales : c'est l'ancien couvent des Ursulines, d'avant la Révolution. Les cintres qui se voient sur une des façades marquent la place des cloîtres. La promenade était leur jardin. Leur église, coupée en deux dans le sens de sa hauteur, sert de halle au blé et de salle des fêtes. Quatre grandes statues en bois, époque de Louis XIV et provenant de cette église, sont maintenant au presbytère. A gauche, c'est le reste des anciens remparts baignant leur pied dans l'eau qui remplit ce qui reste des anciens fossés.

La seule restée intacte des 16 tours de l'enceinte fortifiée, la Tour de l'Auxois avec le grand sapin qui la surmonte,

G. Gervais.

Saulieu. — Tour d'Auxois.

apparaît comme un vase gigantesque portant une plante verte proportionnée à sa taille. La croix monumentale qui se dresse sur le devant de la tour, et le grand Christ de bronze qu'elle supporte, ont été érigés en 1908. Du haut de cette tour, on jouit d'un point de vue remarquable. Au premier plan, la descente de la rue Grillot, bordée de maisons vieillottes et pittoresques avec comme contraste, au fond, le chalet et les beaux arbres de son parc, puis le cirque vallonné qui sépare l'Auxois du Morvan, vaste espace parsemé de petits îlots boisés et de grandes forêts sombres, puis le panorama qui reviendra sans cesse devant les yeux, soit qu'on monte au clocher, soit qu'on gravisse un point élevé quelconque de Saulieu. Ce panorama splendide par les temps clairs, habituellement précurseurs immédiats de la pluie, s'étend depuis la colline de Thil, que couronnent les superbes ruines de son abbaye, jusqu'à la montagne de Bar, ronde et morne dans le lointain, en passant d'un coup d'œil circulaire par Fontangy, accroupi sur le dos de la montagne ; Mont-Saint-Jean, le pays des souvenirs féodaux, la colline de Sussey et son bouquet d'arbres visibles de tous côtés, pour ne citer que les points principaux. Par un temps clair, on aperçoit le Mont-Blanc. Il y a dans cet ensemble de nombreux et très jolis détails qui n'échapperont pas aux amateurs de nature pittoresque, non plus que dans la direction du Maupas et d'Arnay des lointains imprécis qui donnent la sensation de l'espace infini.

Puisque nous parlons du Saulieu pittoresque, recommandons aux touristes l'ascension du clocher d'où l'aspect de la ville et de ses environs est d'une grande beauté, puis des promenades jusqu'à la croix du cimetière, à la ferme de Beauvais, à Montivent, au-dessus de l'étang, à la hauteur du Perron, aux Granges. Ils verront de ces divers points Saulieu sous des aspects variés qui valent la peine d'être contemplés.

SAULIEU. — Tour de Saulx-Tavannes.

A. Duciel

Il faut mentionner le coup d'œil tout particulier dont on jouit des hauteurs avoisinant Saint-Saturnin. C'est surprenant la quantité de vieilles tours que le regard aperçoit çà et là dans la forêt des toits anguleux de la ville. De là aussi les collines de l'Auxois, avant-postes de la citadelle du Morvan, dernier rempart de la France si elle était envahie, se découvrent avec le plus d'ensemble. Les officiers d'artillerie qui passent à Saulieu ont maintes fois signalé ce point, comme un emplacement incomparable pour des batteries de défense si l'ennemi arrivait par l'Est.

Quant à la ville elle-même, elle mérite une visite à l'intérieur à cause du cachet archéologique qu'elle a gardé et qu'elle montre dans maints vestiges du passé : la porte Notre-Dame, la tour de Saulx-Tavanne, Poilbourg, la fontaine avec la statue de la Samaritaine, œuvre du sculpteur CARISTIE (XVIIIe siècle), la façade de la mairie avec les armes de la ville malheureusement mutilées, la statue de Notre-Dame, rue Vauban, plusieurs vierges dans des niches, au frontispice des maisons (maisons Ragoix, rue Vauban ;

Perrieau, rue Vauban ; Nouaille, place de la Fontaine);
des portes et fenêtres intéressantes rue de la Halle, rue
Grillot, place de la Fontaine, et jusqu'aux vieux spécimens
de chambres à quinquets encastrées dans les murs à l'angle
de certaines rues.

Recommandons aussi aux amateurs de visiter certaines
collections particulières intéressantes, entre autres :

1° Celle de M. Devevey, avenue de la Gare (armes) ;

2° Celle de M. G. Barbier, rue Vauban (monnaies,
porcelaines, etc) ;

3° Celle de M. Jouve, place de la République (meubles,
bibelots d'art ou simplement curieux). Signalons une paire
d'éperons de chasse de Vauban. On profitera aussi de cette visite
chez M. Jouve pour voir une belle rampe d'escaliers en fer
forgé du XVIIIe siècle, très ouvragée et qui fait l'admiration
des connaisseurs ;

4° M. E. Bodot, rue du Marché, possède fort bien conservés les sceaux des juges consulaires de Saulieu (1610) et de l'ancien Tribunal de Commerce.

Mais les véritables trésors archéologiques sont d'ordre religieux et se rattachent aux deux églises qui ont survécu au vandalisme révolutionnaire. L'église Saint-Saturnin, très ancienne, est placée, comme la plupart des églises paroissiales d'autrefois, au

Saulieu. — Église Saint-Saturnin.

milieu du cimetière. En franchissant la grille d'entrée, le
visiteur remarquera droit devant lui une pyramide quadran-
gulaire qui porte déjà la patine d'un siècle. Elle marque la

place où furent inhumées les entrailles du dernier des Sully, mort à Saulieu, en 1807. Le tour extérieur de l'abside a reçu une décoration gallo-romaine par l'apposition de tombes gauloises dont quelques-unes à plusieurs personnages. L'intérieur ne laisse pas que d'intéresser l'archéologue avec ses vieux reliquaires, ses deux chapelles minuscules, son reste d'ancien baptistère, son pavage fait en partie de débris d'anciennes tombes portant des inscriptions parfois naïves. A remarquer encore une grande et belle statue de la Vierge échappée aux iconoclastes de 93, la pierre tombale aux armes et au nom de De Laloge, conseiller secrétaire de Louis XIV et le heaume de chevalier en saillie au-dessus de la porte de la sacristie.

Le cimetière en pente, avec ses frênes pleureurs, ses allées et tombes parfaitement entretenues mérite un coup d'œil. Dans le haut, la vue est très étendue et aussi variée que belle. Le clocher de l'église elle-même, avec sa toiture squamée de bois, présente un aspect antique et bien à part.

Saulieu. — Église St-Andoche du XIIᵉ siècle.

Tout à côté, une promenade publique plantée de tilleuls centenaires offre aux oisifs le plus joli lieu de stationnement qui soit. C'est une vaste nef de verdure. Les rameaux entrelacés des grands arbres en forment la voûte. On y accède par un escalier monumental et des perspectives teintées de nuances légères lui servent de grandiose parvis. A quelques pas de là, à droite, en entrant dans le faubourg de Villeneuve, une croix en pierre du XVIᵉ siècle, fort remarquable.

Mais l'autre église, l'ancienne collégiale, Saint-Andoche, a droit à une visite d'honneur tant elle contient de reliques d'art. C'est d'abord sa nef romane du XIIe siècle. Le pape Calixte II consacra cette église en 1119. La voûte a 17 mètres d'élévation et la base des piliers est enterrée à une profondeur de 1m 80. Les piliers eux-mêmes sont ornés de chapiteaux historiés où le ciseau de l'artiste s'est donné la fantaisie de sculpter tour à tour des images bibliques, évangéliques et surtout symboliques. La

série de ces chapiteaux, leur bon état de conservation est une des plus curieuses choses de France en ce genre. En commençant par la droite et en faisant le tour de la grande nef par les nefs latérales et les chapelles qui les terminent, l'archéologue ou l'artiste admireront successivement :

les *Femmes au tombeau du Christ ressuscité*, la *Pendaison de Judas*, les *Aigles*, les *Péchés capitaux*, la *Fuite en Egypte*, le *Combat de Coqs*, les *Lions*, le *Hibou*, les *Chiens de Berger*, le *Taureau*, les *Colombes*, le *Sagittaire*, le *Combat de Bêtes*, l'*Oiseleur*, la *Tentation au Désert*, et enfin l'*Episode de Balaam*. Se retrouvant ainsi à l'entrée de l'église, il jettera un coup d'œil sur la tribune

de l'orgue très remarquable. Le cul-de-lampe qui en fait la base est orné d'une sculpture représentant les deux tours de l'ancienne porte Notre-Dame.

Contre la paroi de la nef latérale de gauche, une pierre tombale relevée en 1902 et soustraite ainsi à l'usure des pas qui, à la longue, en avaient fort endommagé les dessins et inscriptions. M. Baudenet de Perrigny, Conseiller d'Etat, en possède une photographie faite avant l'effacement partiel des lignes, écussons et caractères qui y sont

gravés. Suivant un usage fréquent jadis, cette pierre funéraire, érigée par Philippe Guijon vers 1540, servait à la fois de tombe

et d'acte de fondation de messes, ainsi que l'indique l'inscription qu'elle porte, en majeure partie encore lisible. Les personnages qui reposaient dessous, un Hugues Guijon et une Gérarde Collot, étaient des ancêtres de M. Baudenet de Périgny. Ils vivaient vers le milieu du XVe siècle.

Le chœur brûlé par les Anglais pendant la guerre de Cent ans et reconstruit plus tard de façon disparate avec la nef, contient les stalles de l'ancien chœur réajustées, malheureusement badigeonnées et en mauvais état. Elles n'en conservent pas moins leur cachet médiéval et bourguignon. Les panneaux du fond, de chaque côté de la place où devait être la stalle de doyen du Chapitre, suffiraient à mettre en relief ce double caractère. L'artiste qui a sculpté la *Fuite en Egypte* n'a-t-il pas eu l'idée de mettre à la ceinture de saint Joseph un baril, l'ustensile indispensable des vignerons bourguignons allant au travail ? Des écussons sculptés apparaissent mutilés ; de ci, de là, plusieurs motifs décoratifs sont usés par le frottement. Il reste encore, très nettes, deux têtes morvandelles, celle d'un paysan et celle d'une paysanne. Le bonnet de coton de l'un et la coiffe tuyautée de l'autre situent suffisamment la région natale des personnages.

Un monument qui ne peut manquer d'attirer l'attention, c'est le sarcophage dit « Tombeau de Saint Andoche », qui repose à même sur les dalles au fond du chœur. Il n'a d'authentique que la bande qui en fait le tour à la base. Toute la partie supérieure est une reconstitution (1848), mais très exacte, du sarcophage primitif, vendu et dépecé à Dijon en 1802. Les signes et les figures Alpha et Oméga, pampre chargé de raisins, hache, colombe et cerf, suffisent à en marquer la date approximative, l'époque de Constantin.

Ayant contenu pendant des siècles les reliques de trois martyrs de Saulieu, il était tout naturel que l'opinion populaire le baptisât du nom du principal d'entre eux et l'appelât « Tombeau de Saint-Andoche ».

C'est par suite d'un procédé analogue que les plus anciennes traditions attribuent à Charlemagne, bienfaiteur de l'abbaye bénédictine existant à Saulieu à l'époque carolingienne et fondateur de l'église qui a précédé celle-ci, tout ce qui, dans les vestiges d'art ancien, a un caractère de grandeur et de beauté. Tel le merveilleux *évangéliaire* que possède l'église de Saulieu et qui n'a d'égal en France que son similaire de Gannat. Les ivoires de la couverture paraissent bien être contemporains de Charlemagne, mais le parement, feuille d'argent frappée en guirlande de roses, est certainement très postérieur. Le texte, copies fragmentaires des Evangiles, sur parchemin avec nombre d'initiales rubriquées, mais sans miniatures, ne remonte pas au-delà du XIIe siècle.

Ce qui n'empêche pas le livre d'être vulgairement appelé « *Missel de Charlemagne* », comme est appelé « éperon de Charlemagne » le bel éperon de la chevalerie (XVe siècle) que possède également l'église. Enfin, puisque nous touchons aux origines légendaires des dénominations d'objets anciens si remarquablement beaux, disons que, d'après les traditions locales, si la grande tour de Saint-Andoche est enlaidie par son casque de plomb en forme de *couronne impériale*, c'est encore en souvenir et en l'honneur de Charlemagne, empereur d'Occident.

Les amateurs de curiosités archéologiques ne quitteront pas Saulieu sans voir à la mairie les originaux des *chartes d'affranchissement* de la commune de Saulieu par les évêques d'Autun. La plus ancienne est de 1225. Elles sont toutes des merveilles de calligraphie. Dans les caves de l'hôpital reléguées là on ne sait pourquoi, plusieurs statues, dont une du XIVe et une du XVe siècle, ont une valeur artistique qui les a fait récemment classer monuments historiques.

Le Saulieu artistique est et fut de tout temps plus que largement absorbé par le Saulieu commercial. Aussi, à part *l'abbé Courtépée*, le patient chercheur historien du duché de Bourgogne, et *l'abbé Sallier*, membre de l'Académie Française, historiographe de Louis XIV, les hommes originaires de

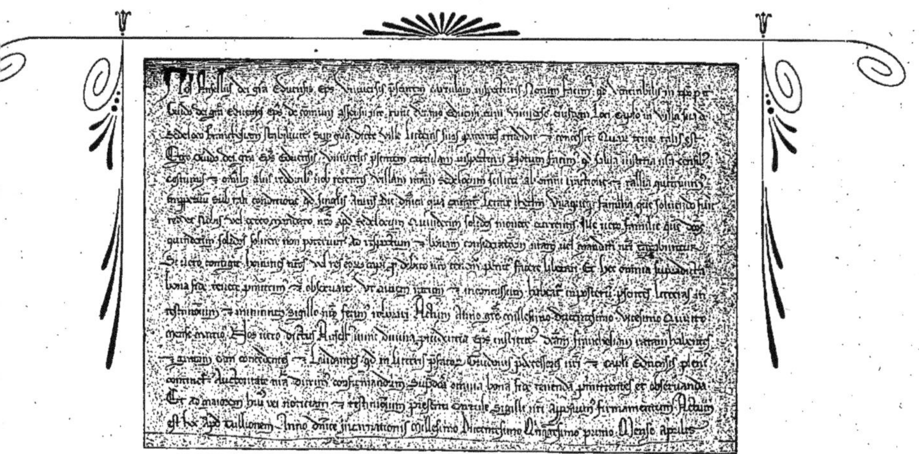

Confirmation de la " FRANCHISE DE SAULIEU "

Par ANSELIN DE POMMARD, Évêque d'Autun (Avril 1255).

La **Charte de Franchises** avait été octroyée par l'Evêque d'Autun, Guy de Vergy, en Mars 1225. **Ratification** en fut dressée par le chapitre de la Cathédrale, également en Mars 1225.

Ces divers documents, écrits sur parchemins fort bien conservés, sont encore aux archives de la ville.

Saulieu qui se sont illustrés dans les lettres, les sciences ou
les arts sont relativement rares.

Par contre, la vie commerciale et l'industrie spéciale des
tanneries y ont toujours été en honneur. Les foires y sont
le rendez-vous du Morvan, bêtes et gens. Les grands bœufs
blancs nourris au grand air dans la « pâture » ou dans les
« embouches » y étalent leur sérénité pensive et majes-
tueuse. Eux qui ont charrié des fardeaux à rendre jaloux
Hercule lui-même, les voilà maintenant reposés, engraissés,
laissant deviner sous leur fourrure de poil fin les meilleurs
biftecks qui soient au monde. La viande qu'ils fournissent
est réputée, ainsi d'ailleurs que plusieurs autres produits du

Saulieu. — Le Champ de Foire.

Morvan : les poissons des étangs tapissés de sable fin, ceux
du grand lac des Settons, les truites et les écrevisses des
rivières dont les eaux bondissent et s'éclaboussent à travers
les quartiers de granit, les gibiers de poil et de plume qui
abondent dans les landes et dans les forêts. Aussi ne faut-il
pas s'étonner si, l'air vif et l'appétit aidant, Saulieu a toujours
passé pour le pays des Brillat-Savarins et des Vatels.
Rabelais parlait des « commenseux » de Saulieu. Madame de
Sévigné a dit en badinant s'y être grisée pour la première
fois de sa vie. Les voyageurs et les excursionnistes y trouveront, au retour de leurs promenades apéritives, le rassasie-
ment copieux et succulent que sait y ménager un art culinaire
élevé à la hauteur d'une institution.

Ajoutons enfin que l'affabilité et le trait spirituel font partie du caractère des Sédélociens. Les étrangers qui seront venus les voir chez eux en emporteront donc un souvenir enchanté avec espoir et promesse de retour.

Ceux qui pourraient, pendant la saison d'été, séjourner à Saulieu, y trouveraient la plus délicieuse fraîcheur avec l'air le plus pur et le plus vivifiant. C'est une station climatérique excellente à cause de son altitude et de ses forêts magnifiques où l'odorat aspire les senteurs des bois et les poumons leur oxygène. Quoi de plus charmant que le bois de Boulogne sédélocien, le bois de Beauvais avec ses 100.000 sapins alignés comme des cierges dans un temple immense, et ses superbes allées aboutissant toutes à un rond-point où se concentrent pour ainsi dire tous les parfums résineux de la féerique sapinière ?

La pureté de l'air explique la longévité des habitants. A Saulieu, les nonagénaires ne sont pas rares. Et à ces tempéraments bien nés, la vaillance ne diminue pas avec le nombre des années. La moyenne de la vie humaine y est, bon an mal an, de 60 ans. Donc station recommandée à ceux qui ne sont pas pressés de s'en aller dans l'autre monde.

SAULIEU

(Promenades aux environs de la ville)

En outre de la promenade circulaire autour de Saulieu même, et de la promenade classique au bois de Beauvais et au « lac de la Bologne » (à vingt minutes de Saulieu), il y a à faire, dans les environs les plus rapprochés, de délicieuses excursions ayant pour buts le bel *étang de Chailloux* qui longe la lisière ombreuse des grands bois et donne de jolies perspectives, le *Sobiot*, rendez-vous festival des Sédélociens, les royales forêts qui l'environnent, la descente au *vallon des Granges,* enfin et surtout les *bois de Sainte-Isabelle.* La route de Précy

SAULIEU. — Chaumière Morvandelle.

qui les traverse est une des plus jolies qui soient. C'est une large allée sinueuse sablée de rouge, au milieu d'un parc immense planté d'essences variées. Ces fourrés verdoyants sont coupés transversalement par des lignes forestières larges, droites, tapissées d'herbes courtes et de fleurs. Elles paraissent comme des tunnels sous bois, interminables. Un étang encaissé dans un vallon sylvestre voit croître sur ses bords quelques spécimens introuvables ailleurs de la flore morvandelle.

De Sainte-Isabelle, il faut revenir à Saulieu par la vieille route de Précy et la *Loge du Coucou,* deux murailles de grands sapins serrés les uns contre les autres, pendant plusieurs kilomètres, avec, en arrière, l'Abbaye de Thil et Précy juste dans l'axe prolongé de la route. C'est d'un effet grandiose. On peut s'y reposer sans craindre les autos. La solitude y est complète et enchanteresse.

Au sortir du bois, 2 kilom. avant d'arriver à Saulieu, un chemin à droite conduit à travers la forêt aux *Carrons*, hameau de la commune de St-Didier et à la *Pierre Champcul*, monument druidique ou simplement bloc erratique. Cette roche énorme adossée à un coteau est taillée à pic du côté du vallon de l'Argentalé, qu'elle domine d'une hauteur d'au moins 15 mètres. Sur sa face supérieure sont dessinées encore fort nettes des rigoles faites, dit-on, pour collecter le sang des victimes. Est-ce bien là la véritable destination de ces sillons, où n'ont-ils été creusés que par le patient effort des eaux ou d'agents atmosphériques variés ? Mystère !...

De là on peut, par le chemin de Mongin-le-Beau, gagner la route n° 6 de Saulieu à Avallon, au lieu dit « le Perron » (1 kil. de Saulieu).

Outre la fraîcheur du sous-bois et la sévère beauté du paysage, la promenade à la Pierre Champcul se recommande tout spécialement au botaniste. Là, en effet, croissent abondamment différentes plantes intéressantes ou fort rares : Airelle, Myrtille, Lycopodium, Phelipea cœrulea ; et le long de l'Argentalé : Wahlembergia Hæderacca, etc., etc.

La Pierre de Beffeny.

G. Gervais.

Une autre promenade à faire, partie à pied, partie en chemin de fer, est celle de Saint-Didier, *Pierre-de-Beffeny*. Le mieux serait d'atteindre Saint-Didier d'abord par les bois, et Maison-Baude. Mais, pour éviter la fatigue, il est préférable de gagner par le train la station de Saint-Didier.

On descend vers le village (2 kil.) qui apparaît tout à coup — délicieusement pittoresque — avec son clocher bleu et son étang aux rives boisées.

Le chemin qui conduit au dolmen de Beffeny commence près du moulin, en aval de la chaussée. Il s'en va sous bois, toujours sous bois, en longeant des prés que traverse un ruisseau où frétillent nombreuses les écrevisses.

La Pierre de Beffeny — dolmen ou résultat d'érosions séculaires ? — dresse sa masse sur le flanc de la forêt. Du haut de ces blocs de granit, on jouit d'une vue reposante sur les magnifiques forêts environnantes, et le village de Saint-Didier apparaît dans le décor sous un aspect des plus charmants.

De Saulieu à l'Étang de la Bise (5 kilomètres)

Descendre la route d'Arnay jusqu'aux dernières maisons de Collonges qui s'étagent de chaque côté de cette route, prendre le premier chemin à gauche dit de la *Petite-Vie* conduisant à Vrilly-le-Haut, et là, par un chemin abrupt et encaissé plein de fortes senteurs, impraticable à tous véhicules, arriver jusqu'à la rivière la Baigne ; la suivre, on atteint ainsi *l'étang de la Bize,* délicieusement caché au fond d'un frais vallon dont les hauteurs sont couronnées de bois de sapins et de feuillages.

De l'étang, un chemin qui passe près de la ferme de Montafourche ramène sur la route de Villargoix. En suivant la vallée (et le touriste n'aura pas à le regretter), on arrivera à Villargoix si coquettement enfoui au fond d'un sauvage entonnoir.

Hôtel de la Côte-d'Or

E. BUDIN

Place de l'Abreuvoir (à proximité de gares et du centre de la ville)

Déjeuners et Dîners à toute heure

CUISINE BOURGEOISE

Chambres confortables sans luxe inutile

SALLE DE CAFÉ — SALON AVEC PIANO

Consommations de 1er choix — Liqueurs de marque

VASTES REMISES — ÉCURIES SPACIEUSES

Omnibus à tous les trains

VOITURES POUR EXCURSIONS à prix très réduits

— PRIX —

Petit Déjeuner, depuis................................	0.50
Déjeuner et Diner (vin compris)...............	2.50
Chambre à 1 lit, depuis........................	1.50
— 2 lits, depuis.....................	2.50
Prix de la Journée.............................	6.50

ARRANGEMENTS PARTICULIERS POUR FAMILLES

pour séjour prolongé

ou pour service à la Carte

De SAULIEU à PIERRE-QUI-VIRE

& QUARRÉ-LES-TOMBES

C'est une des plus belles excursions à faire dans le Morvan : elle demande une journée entière.

Prendre la route Nationale 77 *bis* jusqu'à Eschamps (7 kil.), chemin d'Eschamps à Saint-Agnan (13 kil. de Saulieu), étang très poissonneux appartenant à M. Geoffroy Saint-Hilaire, dont la maison bourgeoise, sans caractère remarquable, forme avec l'église et l'école le principal noyau de la commune. Forte côte depuis Saint-Agnan jusqu'aux Amands, bifurcation de la route proprement dite de la *Pierre-qui-Vire* (altitude 624 m.).

Au delà des Amands, par les Gros, les Chereaux, les Valtats, petits hameaux dont les noms sont ceux des premiers cultivateurs qui s'établirent en ces lieux, on accède à Vaumarin, village dominant la sauvage vallée du Trinquelin. La route descend sur le flanc de la montagne et offre un aspect absolument féerique. Du milieu de la forêt surgit tout à coup, de l'autre côté de la vallée, le monastère.

G. Gervais

Vue panoramique du Monastère de La Pierre-qui-Vire.

Le touriste, laissant bicyclette, voiture ou automobile à Vaumarin, devra s'y rendre à pied.

Le chemin, après avoir contourné un étroit vallon et descendu la pente rapide d'une haute colline boisée, aboutit à la rive gauche du Trinquelin. Par un pont de pierre, on accède sur le territoire du monastère ; le chemin tracé par les moines conduit directement à l'abbaye. On peut prendre à droite l'entrée rustique d'une allée qui sert de point de départ à un *chemin de croix* taillé dans le roc au milieu de blocs éboulés. L'emplacement des stations fut désigné par un artiste de talent, M. Perret, auteur d'un ouvrage sur les *Catacombes de Rome*. On remarquera avec quelle habileté furent disposées dans les plus curieux accidents de rochers les différentes stations toutes séparées par des massifs de verdure et des blocs de granit, offrant ainsi aux yeux surpris une décoration toute de pittoresque et d'imprévu. Du sommet du calvaire on embrasse de tous côtés les beautés de ce site plein de bruissements de feuilles et de solitude, admirablement propice dans son calme intense au recueillement et à l'isolement religieux.

Le chemin longe la plate-forme à l'extrémité de laquelle s'élève, sur un large bloc de granit, la *Pierre qui Vire*, qui fut un autel celtique, une statue de la Vierge. Une gracieuse légende locale poétise ce rocher : suivant les dires populaires, il tourne sur lui-même, la nuit de Noël, pendant que les douze coups de minuit sonnent à l'église de Vaumarin.

Encore quelques pas et l'on arrive à l'entrée du monastère. Fondé en 1850, par quelques pères Bénédictins, ce n'était au début qu'une pauvre cabane perdue au milieu des bois. Tous les terrains occupés aujourd'hui ont été cédés par la famille de Chastellux. Le monastère est construit dans le style du XIIe siècle, mais il est inachevé. Avant la dernière expulsion on pouvait y admirer une bibliothèque de plus de 10.000 volumes, dont une assez grande quantité

Monastère de la Pierre-qui-Vire,
côté des Jardins.

de manuscrits. La basilique, magnifique église moderne, est une très élégante copie en granit de l'église de Montréal (Yonne), style du XIIe siècle. Sous le chœur existent trois chapelles superposées. Dans l'église, tombeau du R. P. Muard, fondateur du monastère. A signaler aussi le cimetière des moines, impressionnant par la simplicité des tombes uniformes.

En face de l'entrée principale, à l'extérieur des murs et sur le penchant de la montagne, s'élève une élégante petite chapelle qui recouvre la source approvisionnant le monastère d'eau potable.

En 1880, les religieux avaient été expulsés, sauf quelques-uns laissés comme propriétaires. En 1903, nouvelle expulsion, totale cette fois. Depuis cette époque, après l'installation d'une institution d'enfants anormaux, qui du reste ne réussit pas, les bâtiments achetés par Mme Perrin, d'Avallon, restèrent inhabités. Un gardien les fait visiter moyennant 50 centimes par personne. On peut se faire préparer, en prévenant à l'avance, un frugal repas par ce même gardien.

Pour aller visiter le monastère et ses dépendances, nous avons quitté la route à Vaumarin ; revenons donc à ce village et reprenons cette route que momentanément nous avions abandonnée. Nous descendrons par une pente assez raide, toujours suivant le flanc de la montagne, en contemplant la vue splendide qui s'ouvre sur la vallée du *Trinquelin*, pour arriver au village du même nom (355 m.), puis à Saint-Léger-Vauban, bourg de 1.115 habitants, à 460 m. d'altitude, d'où l'on jouit d'une vue magnifique sur le Morvan et l'Auxois. Patrie du grand maréchal : une plaque signale sa maison natale, et une statue lui a été érigée sur la place principale en 1905. A proximité (2 kil.), château féodal de *Ruères*. Saint-Léger-Vauban est à 8 kil. de Rouvray et de la route Nationale n° 6 de Paris à Lyon, qui traverse Saulieu ; et à 10 kil. de la station de Sincey-les-Rouvray, ligne de Cravant à Autun par Saulieu. Une route carrossable peut conduire directement de Saint-Léger à la *Pierre-qui-Vire* (3 kil. 700).

De Saint-Léger-Vauban à Quarré-les-Tombes (5 kil.), deux routes, toutes deux montagneuses et difficiles (pente de 15 p. 100 au moulin Colas sur la vieille route). A signaler aux *Vermirauts*, à 1 kil. de Quarré, une colonie pénitentiaire pour les jeunes gens pupilles de l'Assistance publique.

Quarré-les-Tombes, à 25 kil. de Saulieu, bourg de 1902 habitants, climat très salubre à 455 m. d'altitude, entre les vallées du Trinquelin et de la Cure, est un joli petit pays très fréquenté des touristes. Pays de chasse et de pêche, truites renommées. A signaler l'église du xve siècle, restaurée, renfermant le buste en pierre et le Tombeau d'un sire de Chastellux. Autour de l'église plusieurs sarcophages en pierre que quelques-uns font remonter aux Gaulois, tandis que d'autres y voient un entrepôt de tombes datant du ve siècle. Panorama ravissant qui s'étend à plus de 20 kilomètres à vol d'oiseau. On aperçoit nettement les tours de la basilique de Vézelay.

Accorder également une visite à *Crottefou* et à la *Verdière*, sites pleins de fraîcheur fréquentés par les pêcheurs de truites.

De Quarré à Chastellux (12 kil.), à Marigny-l'Eglise (10 kil.), ou Vézelay 25 (kil.), trois belles excursions qui nécessitent un séjour plus ou moins prolongé à Quarré ou à Avallon. Consulter le *Guide spécial de la région d'Avallon* (bureaux, 31, rue de Paris, à Avallon).

Retour à Saulieu par Saint-Brisson. A signaler en quittant Quarré (pente 8 p. 100), la *Roche des Fées*, arête de granit formée de blocs superposés se découpant en aiguilles. Belle vue sur la vallée de la Cure. Un poteau du Touring-Club en indique la direction. Plus loin, en pleine forêt, le *Rocher de Lapeyrouse* (609 m. d'altitude), point culminant du département de l'Yonne.

A Saint-Brisson, le touriste trouvera la route de Saulieu à Lormes, qui le ramènera à Saulieu (13 kil.).

GRANDES VOITURES D'EXCURSIONS

Ancienne Maison Bizot-Meuriot

RENEAUD-ROBLIN

Successeur

6, Rue Courtépée, 6 — **SAULIEU**

LOCATION DE CHEVAUX & VOITURES

Voitures à conduire soi-même

au Mois et à la Journée

CORRESPONDANT DES CHEMINS DE FER

P.-L.-M., Sud de la France et Économiques

ENTREPRISE DE DÉMÉNAGEMENTS

Transports pour tous pays

SERVICE SPÉCIAL DE NOCES

PRIX MODÉRÉS

DE SAULIEU A DUN-LES-PLACES

(par Saint-Brisson et la Roche-du-Chien)

Nous recommanderons spécialement cette promenade à tous les admirateurs d'une nature primitive et sauvage, à tous ceux qui aiment à respirer les violentes senteurs des landes fleuries, les sains et frais effluves des sombres forêts couronnant les montagnes, tandis que les regards se reposent agréablement sur des routes roses d'où sont bannies presque toujours la poussière et la boue.

Le touriste pourra à son choix quitter la ville par la rue des Tanneries, la rue Jules-Ferry (rue St-Félix), ou la rue Danton (rue Saturnin). En suivant cette dernière, il prendra vers le cimetière la route Nationale N° 80 qui, de même que la rue Jules-Ferry, l'amènera au lieu dit le Champ-de-la-Foire. Là commence la route Nationale 77bis sur laquelle, à 2 kil. environ, vient aboutir la rue desTanneries. Celle-ci est la voie la plus courte, mais la plus pénible après la rue Jules-Ferry.

De ce point à Eschamps, la route bordée tantôt de prairies, tantôt de terrains cultivés et faite de tronçons rectilignes articulés par des courbes bien prises, ne présente pas de côtes appréciables. Pourtant elle est fatigante parce que terriblement cahoteuse.

Sur ses minces accotements plantés çà et là de maigres bouleaux, paissent de tranquilles troupeaux de moutons qui, pas plus que leurs jeunes bergers dans les mains desquels on regrette de ne plus voir la « Cornemuse de Saulieu » vantée par Rabelais, ne s'inquiètent du passage des rapides automobiles et des silencieux cyclistes.

Bientôt la contrée se fait plus sévère. Ce sont des landes incultes où croissent abondamment genièvres, bruyères, houx et fougères. L'ensemble de cette fruste végétation d'un vert sombre fait penser aux mélancoliques paysages d'Ossian.

Il semble qu'au-dessus de ces mornes plateaux où dorment les eaux immobiles des étangs, les âmes d'anciens guerriers morts dans le combat doivent flotter aussi avec les nuages.

Partout le cultivateur a essayé de lutter contre ce sol rebelle, mais partout le succès n'a pas couronné ses efforts.

Si de distance en distance on aperçoit des champs d'avoine ou de pommes de terre alternant avec le tapis vert de quelques prairies tourbeuses, çà et là émergent des bouquets de bois ou de sapins selon que la nature primitive l'emporte ou que l'agriculteur tenace a réussi à la dompter. De cet ensemble s'exhale une âpre et triste poésie qui rend la région impressionnante dans sa pauvreté mélancolique et froide.

A droite de la route dans la plaine du même nom, bâti de chaque côté du chemin qui conduit à Saint-Agnan et Pierre-qui-Vire, se trouve le village d'*Eschamps* (7 kil. de Saulieu). Le « Château », coquette maison bourgeoise, a perdu une grande partie de son charme depuis que les sapins qui le cachaient partiellement aux regards ont été abattus.

Brusquement, l'aspect du pays change : aux landes incultes succèdent des champs et des pâturages. On aperçoit à gauche les maisons de *Champeau*, et à droite, au loin, couronnant un monticule, celles du *Bois-Gauchas*. Le touriste gravit une dure montée de 1 kilomètre et apparaît le village du *Petit-Vernet*. Là, il quitte la route Nationale pour prendre à droite le chemin de grande communication de Saulieu à Lormes. Ce chemin commence par une forte côte, longue de 2 kilomètres, qui monte en lacets sur la lisière des grandes forêts et pénètre dans la Nièvre au lieu dit les *Corniauds*. Du sommet de cette côte on aperçoit, à 2 kil., *Saint-Brisson* (à gauche, un chemin accidenté de ce point y mène directement) dont le château sans caractère remarquable et quelques maisons se reflètent agréablement dans les eaux de son vaste étang. De là, pendant 8 kilomètres, la route descend sans discontinuer et c'est par une pente très douce qu'elle nous conduira jusqu'au Pont-du-Monthal au pied de Dun-les-Places.

Saint-Brisson. — Gros bourg de 938 habitants (682 m. d'altitude. 13 kil. de Saulieu). Les eaux de son étang servent au flottage. A signaler devant l'église un vieil orme dont le tronc mesure 7 mètres de circonférence. Climat froid, mais très sain. Une bonne route permet de gagner Saint-Agnan, la Pierre-qui-Vire ou Quarré d'une part, et Gouloux, Montsauche d'autre part.

A partir de Saint-Brisson, le touriste suit une route alpestre qui rappelle par instant, le chemin de la Grande-Chartreuse ou celui des gorges de Roselend en Savoie. Cette route s'engage dans l'étroit et profond couloir qu'est la vallée du ruisseau le Vignan, vallée juste assez large pour livrer passage aux eaux murmurantes et fraîches de ce ruisseau qui bruit agréable-

G. Gervais

La Cure en Forêt Chenue.

ment sous bois et vient, dans une de ses courbes, affleurer la route. De chaque côté s'élèvent des montagnes arrondies sur lesquelles s'étale la nappe mobile de la *forêt Chenue* à gauche, de la forêt de *Breuil* à droite, dont les frondaisons vert sombre s'agitent et déferlent sous la brise.

A 3 kil. de Saint-Brisson, en pleine forêt Chenue, un poteau du T. C. F. indique le chemin qui conduit au *dolmen Chevresse* (20 minutes à pied, 662 m. d'altitude), l'un des plus imposants du Morvan et dont l'accès en a été facilité par le chemin qu'a établi le propriétaire, M. Gouget.

Ce monument

G. Gervais

Dolmen Chevresse.

druidique est formé d'une sorte de plateau de granit posé en équilibre sur une roche et tremblant. En choisissant bien l'endroit, un seul homme peut l'ébranler. Il porte encore très apparent sur sa face supérieure l'emplacement préparé pour le sacrifice. Certains archéologues n'ont voulu voir dans ce dolmen qu'un arrangement naturel de blocs granitiques.

En continuant la route, à 2 kil. plus loin, sur la lisière

de la forêt de Breuil se dressent majestueuses et menaçantes des arêtes granitiques que leur direction et leur nature ont fait attribuer aux grands mouvements orogéniques du tertiaire. Ce sont d'abord les deux *roches jumelles*, taillées à pic, déchiquetées à leur base pour se terminer en élégantes aiguilles, qui s'élèvent au-dessus de la forêt et, de loin, apparaissent être les ruines désolées de quelque orgueilleux manoir féodal. Puis à un tournant de la route, du même côté que les Roches Jumelles, brusquement apparaît la *Roche-du-Chien*. C'est un pittoresque amas

G. Gervais

La Roche du Chien.

granitique fait de blocs superposés qui s'élève à 33 mètres de hauteur. Cette roche affecte la forme d'une pyramide qui repose sur le sol par sa pointe et surplombe la route qu'elle menace, réalisant ainsi un prodige d'équilibre qui fait frémir le voyageur arrêté au pied. Ce rocher, assurément le plus curieux et le plus impressionnant du Morvan tant par son aspect que par sa situation au sein d'un paysage des plus sauvages, tire son nom du bloc qui le couronne et qui, vu de la route en venant de Saint Brisson, a vaguement l'aspect d'un chien assis.

G. Gervais

La Roche du Chien.

Dans la *forêt Chenue*, presque en face la *Roche-du-Chien*, voir la délicieuse cascatelle sur le Vignan, dite le *Saut-de-la-Truite*. A environ 200 mètres de la cascade, en aval, ce ruisseau se jette dans la Cure dont les eaux écumeuses et bruissantes longent maintenant la route et bondissent entre d'énormes pierres polies qui, émergeant des flots, encombrent le lit de la rivière large à cet endroit de plusieurs mètres.

Chaque année, au printemps, le niveau de la rivière, grâce aux millions de mètres cubes d'eau envoyés par le lac des Settons, est assez relevé pour permettre le flottage à bûches perdues des bois du pays. Ces bois qu'on voit s'étager en piles régulières et soignées de place en place le long du cours d'eau, iront ainsi jusqu'à Vermenton pour être dirigés ensuite sur Paris.

Au pont du *Monthal* (altitude 410 m.) (ici prend le chemin qui conduit à Bornou : rochers abrupts élevés surplombant la route sur la droite ; même origine que la Roche-du-Chien, mais moins imposants), la route traverse la Cure et conduit à Dun-les-Pláces (543 m. d'altitude) par une côte assez raide de 2 kilomètres.

A. Duciel

DUN-LES-PLACES. — Le Saut-de-la-Truite.

Dun-les-Places. — Petit bourg coquet à 20 kil. de

G. Gervais

DUN-LES-PLACES. — Vue panoramique.

Saulieu, bons hôtels justement réputés pour leurs excellentes truites. Sur la place, église de construction récente due à la royale générosité de M. Feuillet, style roman. Des fondations à la pointe du clocher, elle est bâtie entièrement en granit. En granit aussi sont les colonnes monolithes de la nef et les quatre belles aiguilles également monolithes qu'on remarque aux quatre coins de la place. C'est le triomphe de la dure roche morvandelle !... Devant l'église, intéressante croix du XVᵉ siècle. Monter au *Calvaire* (point coté 590) d'où l'on jouit d'une vue extraordinairement belle qui récompense largement des fatigues de l'ascension. D'un côté, une mer moutonnante de forêts déploie sous les regards émerveillés ses vagues de verdure, son immense fluctuation végétale, tandis qu'à l'opposé la vue s'étend jusqu'au-delà de Vézelay, dont on voit nettement les deux tours sombres de la basilique se profiler sur l'horizon.

A 20 kil. de Dun-les-Places, on arrive à Lormes, chef-lieu de canton, arrondissement de Clamecy (423 m. d'altitude). De la terrasse de l'église, vue splendide sur le Morvan et le Nivernais.

(Consulter le *Guide spécial de Château-Chinon* et celui d'Avallon).

De SAULIEU à ALLIGNY-en-MORVAN

Le touriste quittera Saulieu soit par la rue Danton (rue Saint-Saturnin) — et, dans ce cas, prendra la route Nationale près du cimetière — soit par la rue Jules-Ferry (rue Saint-Félix); ces deux itinéraires l'amèneront au Champ-de-la-Foire où il trouvera la route de grande communication n° 5 qui le conduira à Alligny : c'est la route des Settons. A 5 kil. de Saulieu, au hameau de *Chamboux,* il quittera la Côte-d'Or et pénétrera dans la Nièvre.

Le touriste qui entre dans la Nièvre par la route des Settons traverse la commune d'Alligny. Il y trouvera une charmante oasis, une miniature alpestre, un paysage à la fois sévère et gracieux.

Fétigny est le premier village qu'on rencontre. C'était jadis un fief relevant partie du comté d'Alligny, partie des religieux de Saint-Lazare d'Autun. On remarque dans son voisinage : à la Serrée, une stèle gallo-romaine ; aux Prés, la Pierre-Pointe, sorte de pierre fiche, un menhir peut-être, de 2 m. 50 de hauteur. Dans le bois de la Pierre-qui-Tourne, un dolmen bien conservé. Aux Hâtes, un étang très poissonneux de 24 hectares.

Les Guttes-Bonin. — On y arrive en prenant à Fétigny la route des Vallottes. Ce hameau couronne une montagne de 685 m. d'altitude ; c'est la montagne du Grand Hâbre, dont l'historien AMMIEN MARCELLIN semble avoir parlé lors du voyage de Julien l'Apostat dans les Gaules. Ce sommet servit de signal aux premiers habitants de la région, puis au télégraphe Chappe. Aujourd'hui, le signal est remplacé par une tour carrée, haute de 15 mètres et terminée en terrasse d'où l'ont jouit d'une vue splendide sur la Nièvre, la Côte-d'Or et Saône-et-Loire. Un ciel clair permet de découvrir le Mont-Blanc.

Le Château de Lachaux. — Il apparaît, de la Tour, noyé dans la verdure. Sept domaines l'entourent et donnent à l'ensemble la physionomie d'une colonie agricole. Dans la chapelle, on dit la messe tous les dimanches.

Cette propriété appartient à la famille de Chambure qui y est installée depuis plusieurs siècles.

Dans cette solitude délicieuse, M. Andoche de Chambure composa le

Château de Lachaux.
A. Duciel

Glossaire du Morvan, ouvrage couronné par l'Académie.

Dans le parc magnifiquement planté, on montre trois pierres de granit d'origine gallo-romaine. Elles portent l'une le type d'un centurion romain avec cette inscription : « Marcianus-Marcius », la deuxième, trois figurines composant une famille avec ces noms : Aricia, Caïus, le troisième un type celte sans inscription. N'oublions pas de mentionner la bibliothèque, une des plus belles que nous connaissions. Monsieur A. de Chambure qui avait beaucoup connu Millet, a légué à ses enfants plusieurs toiles du maître.

La tranquille sérénité de cette solitude, la poésie qu'on respire dans l'ombrage des bois, laisseront aux visiteurs une douce impression.

Alligny-en-Morvan. — On descend au chef-lieu par une belle route boisée. De chaque côté le voyageur salue des villages lointains : les Vallottes, Mont-Boblin, puis Jarnoy, le pays des fameux navets tant recherchés des gourmets.

Le bourg d'Alligny est relativement modeste, vu l'importance de la commune. Il est traversé par plusieurs routes et baigné par la Tarrenne, célèbre pour ses truites. L'église, sans caractère, possède un beffroi du XIIᵉ sièle et une belle cloche de 1518. Le vieux château des seigneurs d'Alligny, qu'on aperçoit en face, a encore grand air avec ses deux corps de bâtiments, ses larges fossés pleins d'eau. Toutes les tours furent rasées malheureusement. Huges d'Alligny en partit pour la Croisade en 1147. Possédé par la comtesse de Sérent, et ensuite par le prince d'Arenberg, il est aujourd'hui la

propriété de M. Cuzin-Cortet. La beauté du paysage est
doublée par les sapinières qui couvrent des montagnes déchi-

ALLIGNY-EN-MORVAN. — Vue panoramique.

quetées et par un rocher détaché, au sommet duquel est une
croix qui se dresse au-dessus du pays.

Alligny à Saulieu. — Les hameaux qui tapissent la
vallée d'Alligny sont nombreux. On les entrevoit dans le
retour à Saulieu. Le village de *La Place* possède une mine
de plomb argentifère. Découverte en 1640, elle fut trois fois
exploitée. Les transports trop coûteux la firent abandonner en
1835. Alligny n'avait pas alors son chemin de fer, le minerai
allait à Chagny par chariots. A 500 mètres du village, ruines
d'un antique castel féodal, la *Tour d'Ocle;* elle commandait
la vallée. Sur la droite est le hameau de *Champ-Comeau,* à
gauche *Champ-Creux,* ancien fief du Chapitre d'Autun.

Plus loin, à gauche, *Féligny,* dont nous avons déjà parlé.
A partir de ce village, le chemin de fer quitte la route dont
la pente et les tournants brusques (tournant de la Serrée,
plaque du T. C. F.) ne lui permettaient pas de franchir
aisément la longue côte dite de *Mortain,* du nom du mamelon
inculte sur ses flancs, boisé au sommet, qui domine la route.
Cette rampe, qui commence au lieu dit le *Moulin-Guyon,*
exactement à l'endroit où prend à droite le chemin conduisant
au hameau d'*Island,* et à gauche un bon chemin conduisant
à *St-Léger-de-Fourches,* retrouve le chemin de fer qui a desservi
ce village.

Le village de *Saint-Léger-de-Fourches*, situé à 5 kil. de Saulieu, est tout indiqué comme but d'une charmante et courte promenade à pied ; elle se recommande tout particulièrement aux botanistes par sa flore très spéciale dont certains spécimens fort rares ne se rencontrent guère dans notre région qu'autour de ses étangs et dans ses prairies humides. A noter également de nombreux vestiges galloromains à la *Chaume-Rigollot*, ainsi que le *dolmen des Garennes*, à 800 mètres de la gare, entre Saint-Léger et Moulin-Guyon. Appelons également l'attention des minéralogistes sur l'existence, près de la maison d'école, d'un filon dont l'aspect semble dénoter un composé iodé. A 2 kil. de Saint-Léger, voir le monument druidique connu sous le nom de *Pierre des Anges*, fait de très beaux blocs de granit et situé au-dessus du petit étang Voyer. En face de cette pierre et à proximité du petit village de Lavaux se trouvent les deux *Roches de Montigois*, curieux blocs jumeaux d'environ 6 mètres de hauteur.

DE SAULIEU A MONTSAUCHE

(par les Settons ou Gouloux)

Excursion curieuse et intéressante entre toutes. Le touriste aura à son choix le chemin de fer ou une route pleine d'imprévu.

Par le chemin de fer (Société des Chemins de fer Economiques), on prendra la ligne de Saulieu à Corbigny et Nevers, ligne très pittoresque qui suit la fraîche et jolie vallée du Ternin jusqu'à Alligny-en-Morvan. Ensuite elle monte rapidement, franchissant des pentes très raides,

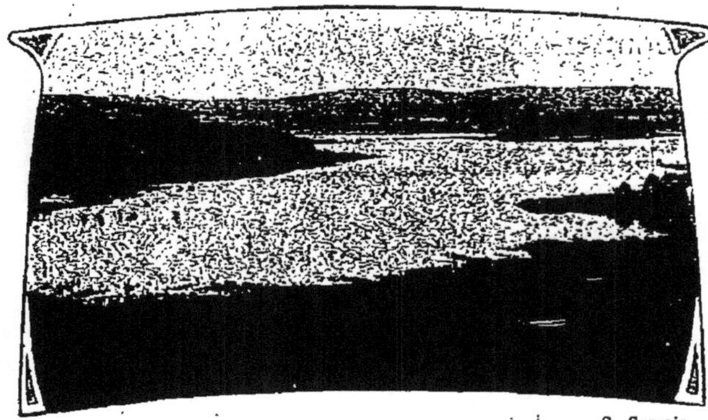

Le Lac des Settons.

G. Gervais

escaladant les sommets, passant d'un mamelon à l'autre à proximité de Moux, pour s'élever jusqu'à 605 m. d'altitude au point où s'ouvre le vallon de Montsermage. C'est le chemin du réservoir des Settons que l'on côtoie pendant 5 kil., admirant un paysage sans cesse renouvelé et toujours charmant, qui fait penser à une Suisse en miniature avec ses lacs minuscules et ses voies ferrées construites, semble-t-il, spécialement pour surprendre et charmer le voyageur. La station des *Settons* se trouve à 200 mètres à peine du barrage. (On y trouve un excellent hôtel. C'est là que mourut le célèbre docteur CHARCOT ; on peut encore y voir la chambre mortuaire conservée pieusement telle qu'au jour de la mort de l'illustre savant.)

Le réservoir des Settons est situé dans la partie centrale du massif granitique du Morvan (arrondissement de Château-Chinon, canton de Montsauche).

Les distances aux localités voisines d'une certaine importance sont les suivantes :

<pre>
Saulieu................. à 25 kilomètres
Lormes.................. à 28   »
Château-Chinon......... à 31   »
Autun.................. à 40   »
Corbigny............... à 40   »
Avallon................ à 50   »
Clamecy................ à 64   »
</pre>

Le réservoir, situé à environ 6 kilom. de la source de la Cure, est alimenté par les eaux de cette rivière et de plusieurs petits affluents, dont le plus important est le ruisseau de Montsermage.

A la tenue maximum, la superficie du lac des Settons est de 359 hectares ; le cube d'eau emmagasiné est alors de 23.056.000 mètres cubes.

LES SETTONS — Le Barrage.

Le chemin de service qui longe le lac a une longueur d'environ 17 kilomètres.

La digue des Settons a été construite de 1854 à 1858 pour constituer une réserve d'eau destinée à assurer en temps de sécheresse la navigation par éclusées sur la Cure et sur l'Yonne. Depuis la suppression des éclusées (1878-1880), les eaux du réservoir sont employées, pendant l'été, pour maintenir le niveau des biefs navigables de la Cure, du canal du Nivernais (à l'aval de Cravant), de l'Yonne (à l'aval d'Auxerre) et même de la Seine en années sèches, comme en 1893. De plus, ces eaux sont employées pour le flottage à bûches perdues sur la Cure, dont le niveau est ainsi relevé entre les ports d'embarquement et Vermenton où les bateaux viennent prendre les bois le plus souvent à destination de Paris. Il est généralement lâché à ce moment de 6 à 10 millions de mètres cubes d'eau.

La retenue des eaux est faite au moyen d'une digue en maçonnerie ; établie sur le granit, cette digue a une longueur

de 267 m. 10 et une hauteur maximum de 19 mètres non
compris les fondations d'épaisseur variable, en moyenne
3 m. 50. La largeur de la digue est de 4 m. 30 au sommet ;
à la base, elle est variable et atteint jusqu'à 16 m. 30 pour
la partie de digue la plus haute.

Une nouvelle construction a été établie en amont de la
digue de 1899 à 1903 dans le but de la soustraire aux infiltrations d'eau qui s'y produisaient et qui auraient pu amener à la longue la disparition complète du mortier. Cette construction, dite « *mur de garde* », consiste en un mur en maçonnerie d'épaisseur variable (5 m. 28 au maximum) juxtaposé à l'ancienne digue en amont et établi comme elle sur le granit. Ce mur n'est pas plein, mais présente une série de puits verticaux plus ou moins profonds, qui communiquent entre eux à leur partie inférieure ; l'eau du lac, s'infiltrant dans la paroi amont du mur de garde ou passant dans le sol au-dessous de lui, est recueillie dans les puits et s'écoule à l'aval de l'ouvrage par des
aqueducs existant dans l'ancienne digue. Celle-ci n'est donc
plus en contact direct avec l'eau du réservoir.

G. Gervais

Les Settons. — Un Coin du Lac.

Dans la partie centrale du mur de garde, il a été établi
une tour de prise d'eau. Les prises d'eau se font au moyen de
puits verticaux établis dans cette tour et communiquant
d'une part avec les anciens aqueducs de vidange et, d'autre
part, avec le réservoir par des conduits qui sont fermés par
des vannes.

Avant la construction du mur de garde, les manœuvres
d'eau se faisaient en dehors du déversoir, écoulant le trop-
plein en hiver par trois étages de cinq vannes, chacun
superposés aux cotes 0, 7 et 13.

L'étage supérieur, d'ailleurs en dehors du nouveau mur,

a été seul conservé ; les deux autres sont remplacés par un ensemble de vannes à diverses hauteurs toutes manœuvrées au moyen de presses hydrauliques disposées dans une chambre

de manœuvre au milieu du barrage, établie au - dessus de la tour, et en avancement sur le réservoir.

Cette chambre est le seul luxe, en pierre de taille, des nouveaux ouvrages et offre un beau spécimen de la pierre granitique du Morvan.

Du côté de la rive droite, le mur de garde en maçonnerie est remplacé sur une longueur de 8 mètres par une construction en béton armé faite à titre d'expérience et jouant le même rôle que lui au point de vue de la protection de l'ancienne digue.

La plupart des visiteurs croient avoir vu le lac lorsqu'ils sont venus sur la digue. Il n'en est rien : le point le mieux situé se trouve près de la *Folie*.

G. Gervais

LES SETTONS. — La Cascade.

Nous recommandons spécialement ce point aux touristes. Du reste, le chemin de service dit *chemin de ronde* qu'on peut suivre à pied et en voiture, même en automobile, est fort coquet : on y découvre de jolis coins où l'on aimera à passer agréablement quelques instants.

La pêche à la ligne flottante étant permise, les amateurs trouveront l'occasion d'exercer leurs talents. — Des Settons on peut aller à pied à Montsauche (4 kilom.).

Montsauche. — Chef-lieu de canton de 1582 habitants. En haut du bourg, l'église bâtie en 1863, style roman, n'a d'autre caractère remarquable que d'être construite tout en granit du pays. A la mairie, au premier étage, visible tous les jours, *musée local* fondé par M. le Dr Monod. On y voit plusieurs maquettes du sculpteur J. Gautherin, d'Ouroux. A signaler, au moins pour l'originalité et l'idée

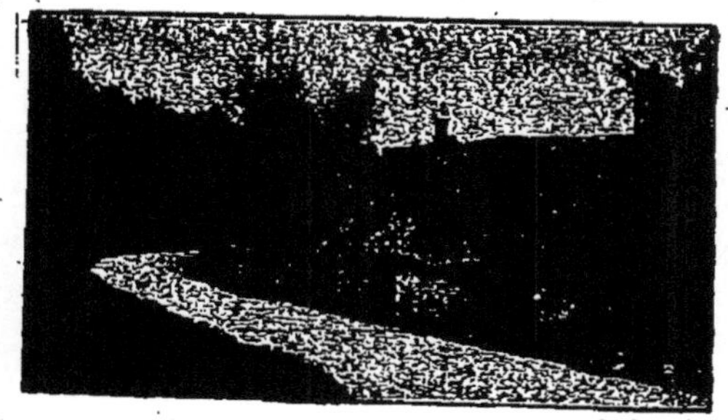

G. Gervais

Vieille Chaumière construite en 1667.

de l'inventeur, l'*Arrache-tripes*, sorte de hallebarde barbelée, et la *Faux droite*, imaginés lors de la guerre de 1870 par un nommé Wagnien et qui, pensait-il, étaient appelés à rendre de grands services aux habitants pour se défendre de l'envahisseur.

Le dernier train pour Saulieu, où il arrive vers 7 heures, quitte Montsauche à 5 heures du soir.

Faite en voiture ou en auto, l'excursion a beaucoup plus de charme et d'attrait. Pour cela, faire prendre la route nationale N° 77 ^{bis} de Nevers à Dijon, route déjà décrite dans d'autres excursions (Saulieu à Dun-les-Places), jusqu'au *Petit-Vernet* (9 km. de Saulieu). Ce hameau sans intérêt est situé au pied d'une côte de 2 kil., le Bois-Saint, qui longe la lisière de grandes forêts. Au sommet, limite des départements de la Côte-d'Or et de la Nièvre. A 2 km. plus loin, un chemin conduit, à droite, à Saint-Brisson ; à gauche, à l'Hâte-au-Sergent, Lachaux puis à Alligny. En continuant la route, au hameau de Fontenotte, on trouve une forte côte qui s'élève jusqu'au point 640, au lieu dit la Croix-Grenot, où

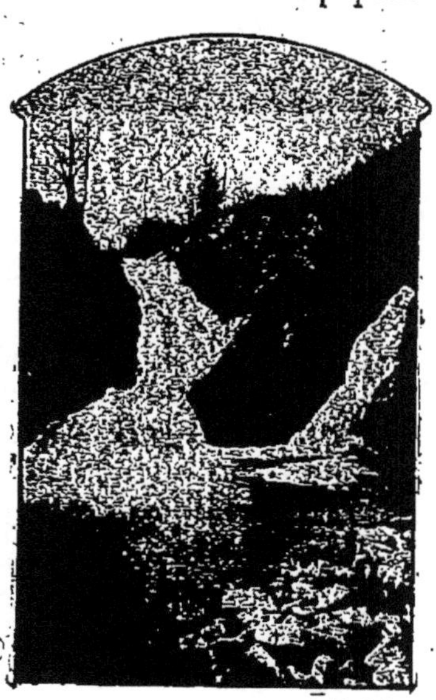

A. Duciel

Saut-de-Gouloux.

aboutit un chemin venant de Saint-Brisson. De ce point, on a une vue superbe sur toute la région. Puis de la Croix-Grenot, une superbe descente sous bois de 3 kilom. présentant

des tournants brusques et dangereux (plaque du T. C. F.) et
poste de secours du T.C.F.) avec une pente de 8 p. 100 nous
amène, après avoir laissé à mi-côte Gouloux à 500 mètres
sur la gauche, à la rivière la Cure qu'on traverse sur un pont
de pierre d'une seule arche, appelé *Pont Dupin* en souvenir
de Dupin aîné, président du Corps législatif et originaire de
la région.

Près du Pont Dupin, dans le bois à gauche, la rivière le
Caillot réputée par ses excellentes truites franchit des rapides

Moux. — Vue panoramique.

extrêmement pittoresques dont le plus important, véritable
cascade au voisinage d'un moulin visible de la route, est
connu sous le nom de *Saut-de-Gouloux*.

De là, la route qui remontera par une pente régulière vers
le plateau, serpente entre des pâturages et des bois, longeant
presque continuellement la Cure pour arriver par de lentes
ondulations de terrain jusqu'à Montsauche en laissant sur la
gauche le village de Nataloup, celui de Palmarou, ancienne
station romaine, et celui de Champ-Gazon.

Après avoir déjeuné à Montsauche ou aux Settons, le
retour à Saulieu s'effectuera par la route qui côtoie le lac, sur
les bords duquel se succèdent les hameaux de la Faye, des
Branlasses et du Cernay. Nous laissons le lac pour longer le
ruisseau de Montsermage qui coule clair et murmurant dans
un frais vallon. Nous trouvons une descente sérieuse en
arrivant sur la route de grande communication de Saulieu à

Château-Chinon par *Gien-sur-Cure* (680 m. d'altitude) et *Planchez*. A ce point, on quitte le bassin de la Seine pour suivre la pente qui entraîne les eaux vers la Loire.

Cette descente nous amène au village de *Moux* (1693 habitants), blotti coquettement au fond d'une profonde cuvette et dominé par la masse imposante et arrondie du mont Moux, l'une des plus hautes montagnes du Morvan (696 m. d'altitude). La traversée du village est particulièrement dangereuse parce qu'elle s'effectue par une descente très forte dans une rue étroite. Mais le touriste qui suit la route de Montsauche à Saulieu n'a point à traverser le bourg. Le traversera seulement l'excursionniste qui, de là, voudra rejoindre la route Nationale de Saulieu à Autun par Chissey et Lucenay-l'Evêque en passant par Chazelle, dont le moulin, les eaux bondissantes et les blocs de granit forment un coin plein de fraîcheur et de pittoresque.

Quant au voyageur qui se dirigera sur Saulieu, il n'aura qu'à suivre la route négligeant de descendre jusqu'à Moux qu'il verra immédiatement à ses pieds. Cette route, pendant 3 kilomètres par des ondulations successives, l'amènera à Alligny-en-Morvan, après lui avoir laissé admirer le joli décor de l'Etang-Neuf enserré dans l'angle formé par la route que nous suivons et le chemin de grande communication se dirigeant sur Chissey et Autun.

(D'Alligny à Saulieu, voir l'excursion : **Alligny**)

De SAULIEU à AUTUN

(par Liernais et Manlay)

La route (grande communication n° 76) qui longe presque continuellement la voie du chemin de fer et l'ancienne voie romaine d'Agrippa, présente cette particularité de constituer une ligne de démarcation presque exacte entre les collines boisées et sombres du Morvan et les plantureuses plaines de l'Auxois. Cette route, sans fortes côtes, est excellente par tous les temps et particulièrement favorable aux cyclistes.

En quittant Saulieu, après avoir remarqué dans le faubourg de Villeneuve une croix fort curieuse du XVIᵉ siècle, voir devant la croix Saint-Andoche une borne milliaire romaine, puis, à 4 kil. 1/2, le village de *Mâcon-les-Saulieu* ; sur la droite, à 1 kilom., *Saint-Martin-de-la-Mer.* Dans l'église, une arcade en anse de panier (XIIᵉ siècle), séparant l'abside de la nef, et l'inscription

G. Gervais

Château de Liernais.

de la paroi nord, près de l'autel, du chevalier Louis de Clugny, baron de Conforgien, de Beaumont, etc., etc. De Saint-Martin on peut regagner, par une bonne route traversière de 2 kilomètres, qui commence en face l'église, la route Nationale n° 80, de Saulieu à Chissey et Autun.

De Mâcon, en continuant, on trouve *Liernais* (530 m. d'altitude), à 1 kil. de la gare et occupant l'ancien emplacement d'une villa romaine qui lui donna son nom ; bâti sur un vaste plateau d'où la vue s'étend fort loin sur l'Auxois. Ce gros bourg de 1150 habitants, entouré d'excellents pâturages, a grand air avec ses nombreuses habitations bourgeoises. Eglise moderne. Voir les vestiges des ruines du château qu'y possédaient les comtes dè Nevers.

Au nord-est du bourg, à gauche de la route, un chemin vicinal conduit à *Cenfosse*, château flanqué d'une grosse tour, ancienne dépendance de la châtellenie de Liernais. A l'est, *Veullerot :* possède un château qui fut reconstruit en 1783, sur les ruines d'une ancienne maison fortifiée.

En quittant *Liernais*, on trouve à droite un chemin assez bien entretenu qui conduit à Blanot et de là regagne Chissey-en-Morvan, route pittoresque, impressionnante dans sa sauvage tristesse. Le village de Blanot est bâti au fond d'une étroite et profonde vallée très encaissée où coule le ruisseau du même nom. Eglise sans caractère, abside romane.

En suivant la route, à 4 kil., on arrive à *Brazey-en-Morvan* (484 m. d'altitude). Eglise moderne. Ruines de l'ancien château des seigneurs de Brazey. Une bonne route conduit par *Villiers*, pittoresque village bâti sur le versant de la montagne du même nom et occupant l'emplacement d'une villa romaine (vestiges du château des barons de Villiers), à Chissey-en-Morvan, où elle rejoint la route n° 80, de Saulieu à Autun par Lucenay-l'Evêque. A 4 kil. de Brazey et 8 kil. de Liernais, se trouve *Bar-le-Régulier*.

Rimet-Bazin

Chapelle rurale des Bois de BAR-LE-RÉGULIER dite de Notre-Dame-de-Grâce (1658).

Ancienne et élégante église du prieuré des chanoines réguliers, d'où le nom de Bar-le-Régulier. Classée monument historique ainsi que les belles stalles sculptées du XIIIe siècle. Pierre tombale « ou gisant » portant sculptée en haut relief un chevalier de Bar du XIVe siècle. Le chœur, les deux chapelles et le transept avec ses voûtes en berceau sont du style roman du XIIe siècle. La nef flanquée de deux bas-côtés à voûtes ogivales et le portail orné de colonnettes sont du XIIIe siècle.

Le clocher octogonal terminé en dôme, à deux rangs de baies, est original et très curieux.

Un chemin partant du pays conduit par une forte côte au village de *Savilly* (540 m. d'altitude), construit sur une montagne, et permet de visiter l'intéressante *Chapelle* dite *des Bois*.

En suivant la route, à 3 kil. de Bar, se trouve *Manlay* (usines de ciment), gare située à Menin-Thiroux, à 900 m. Alors qu'à Bar la vue est limitée de toutes parts par les monticules environnants, ici le paysage change : du hameau de Manlay l'œil ravi découvre une plaine immense. Par un temps clair on aperçoit à gauche le village de Chatellenot, tout proche de Pouilly-en-Auxois, et, à droite, découpant à l'horizon une ligne sombre, la forêt de Buan, derrière laquelle se cache Arnay-le-Duc.

L'église de Manlay mérite une mention spéciale. Restes d'un ancien château fort, elle est faite de trois grosses tours réunies par des murailles de l'ancien manoir. Le donjon, aux murs épais de deux mètres, forme le chœur et le clocher où l'unique cloche se balance à l'aise.

De Manlay ou de Bar, il faut faire l'ascension du *Signal de Bar* (une heure à pied), mamelon isolé (555 m. d'altitude), d'où le touriste émerveillé jouira d'une vue splendide sur l'Auxois, l'Autunois et le Morvan. De Manlay, le voyageur passera par Barnay, Cordesse-Igornay, Dracy (anciennes mines de schiste), Dracy-Saint-Loup, pour arriver à Autun.

Autun (15.000 habitants), par la voie ferrée (P.-L.-M.), n'est qu'à une heure et quart de Saulieu (45 kil.). Vieille ville très intéressante, l'*Augustodunum* des Romains. Y visiter les Portes d'Arroux et Saint-André, les restes du temple de Janus, les ruines du cirque romain dites Caves Joyaux, la cathédrale du XIIᵉ siècle, les musées (musée municipal à l'Hôtel de Ville), musée de la Société Éduenne ou musée Rollin, musée d'histoire naturelle au Collège, musée lapidaire, etc.

S'adresser au Syndicat d'Initiative de la région d'Autun, 4, rue de l'Arquebuse, qui a publié un guide illustré : Prix 25 centimes.

DE SAULIEU A AUTUN

(Par Pierre-Écrite et Chissey)

On peut se rendre de Saulieu à Autun non seulement par le chemin de grande communication de Saulieu à Liernais, Maulay, mais aussi par la route Nationale n° 80 de Châtillon-sur-Seine à Mâcon, par Semur, Saulieu, Autun.

Cette route, tout entière en plein Morvan, bonne, mais montagneuse, pendant un parcours de plus de 12 kilomètres après avoir quitté Saulieu, se maintient à une altitude de 600 mètres.

A 2 kilom., le point coté 598 (Collonchèvres, hameau de Saulieu) marque la ligne de partage des eaux des bassins de la Seine et de la Loire.

A 5 kilom., à droite, un chemin conduit à *Conforgien*, village de la commune de Saint-Martin, bâti à 1 kilom. de la route dans un endroit maigre et froid, à 576 m. d'altitude. Le château, élevé dans la vallée près d'un étang, est une construction du XVe siècle, dont il ne reste guère qu'une vaste tour carrée qui a été découronnée et surmontée d'un toit pyramïdal. Cette antique maison fortifiée appartient à M. le Comte de Wignacourt. De là, le chemin conduit à *Beaumont*.

A 10 kilom., *Pierre-Écrite*, hameau de la commune d'Alligny, doit son nom à un antique monument dont l'origine semble remonter aux Gaulois. C'est une pierre où sont sculptées cinq figures et quelques caractères effacés par le temps que certains savants ont regardés comme une épitaphe. De Pierre-Ecrite, une route bien entretenue, mais très tortueuse, longue de 4 kilom., conduit à la *Ferrière*, puis *Reglois* (petit château), *Marnay*, pour venir retrouver la route d'Alligny à Chissey et Autun. Ensuite, la route qui descendra maintenant pendant plusieurs kilomètres, traverse le bois des Latois (borne séparatrice des départements de la Nièvre et de Saône-et-Loire) où, en 1814, les habitants du pays avaient installé une sorte de camp retranché destiné à arrêter la marche des Alliés qui se dirigeaient d'Avallon sur Autun.

Une route moins pénible qui retrouve la route Nationale quelques kilomètres après le point que nous venons d'indiquer, passe par Alligny-en-Morvan, l'Etang-Neuf et Palaizot. A droite, chemin conduisant par une pente très raide à *Ménessaire*, village d'environ 600 habitants, situé à 570 m. d'altitude. Cette commune, qui fait partie du département de la Côte-d'Or, en est totalement séparée et enclavée dans les départements de la Nièvre et de Saône-et-Loire.

C'est la partie la plus élevée de la région ; le *Gros-Moux* auquel est adossé le village, en est le point culminant, 723 m.

La vallée du Ternin.

G. Gervais

Par un temps clair, la vue s'étend jusqu'à Sombernon dont on aperçoit nettement le clocher.

A signaler à Ménessaire : le château, ancien marquisat de la famille de Fussey, construction du XVIᵉ siècle, avec donjon et quatre tours dont deux détachées. Une ceinture de fossés enveloppe l'édifice.

La salle d'honneur (actuellement salle à manger) en est la partie la plus remarquable. On y admire un beau plafond à solives apparentes et richement peintes, avec de place en place le monogramme de Nicolas de Fussey et de sa femme. Quatre magnifiques tapisseries des Gobelins, datant des débuts de la célèbre manufacture, la décorent. Ce sont : le *Printemps*, symbolisé par FLORE ; l'*Eté*, par CÉRÈS ; l'*Automne*, par BACCHUS, et l'*Hiver*, par VULCAIN, forgeant les armes de l'Amour. Signalons également un beau tableau datant de la même époque : « *Mercure, Messager des Dieux* », et divers meubles de style fort intéressants. Sur les boiseries de la cheminée monumentale, sous laquelle s'abritent deux superbes landiers en fer forgé, une belle peinture représente en costume de chevalier romain le marquis Nicolas de Fussey, gouverneur de la province de Roussillon.

Le château de Ménessaire appartient à M. Guiotat qui l'a fait restaurer avec beaucoup de goût. Nous sommes heureux d'annoncer que le meilleur accueil sera réservé aux visiteurs se recommandant de notre Syndicat.

A environ 200 mètres du village, au nord, voir la *Pierre de Rochefrau*, imposante masse de rochers granitiques qui s'élèvent à plus de 30 mètres de hauteur.

Revenons à la route Nationale et nous arriverons bientôt, après avoir traversé *Buix*, petit hameau de la commune, au

G. Gervais

CHISSEY-EN-MORVAN. — Vue panoramique.

bourg de *Chissey-en-Morvan*, bâti sur la voie romaine d'Agrippa. On y remarque, sur les bords du Ternin, un *château féodal* du XIIe siècle, appartenant à M. A. Renaud. Le donjon et les tours avec meurtrières sont aujourd'hui assez délabrés. Château moderne appartenant à M. Passier.

A 6 kilom. de Chissey, on trouve *Lucenay-l'Evêque*, chef-lieu de canton de l'arrondissement d'Autun (900 habitants), vieille église du XIIe siècle, église neuve inachevée ; à 2 kilom., château de Vésigneux, dans le style du XIIIe siècle. Autun est à 12 kilom. de Lucenay.

De SAULIEU à ARNAY-le-DUC

Par le tramway de Saulieu à Beaune (1er départ : 7 h. du matin) ; dernier train (retour : 9 h. du soir). — Arnay-le-Duc est à 28 kilom. de Saulieu. La route de Saulieu à Arnay est la route n° 6 de Paris à Lyon et Chambéry. A 3 kilom. de Saulieu, après une descente rapide, le *Bras de Fer*, on traverse un coin de la Forêt de Thoisy avant d'arriver à la Maison des Champs, hameau de la commune de Liernais.

Le tramway quitte la route qui descend dans la plaine par un tournant brusqué et dangereux (la Guette). Au sommet du plateau, à gauche, à 2 kilom. de la route, le menhir de *Pierre Pointe*, beau bloc de granit rose de 5 m. 60 de hauteur dont 1 m. 30 en terre ; au bas, encore à gauche, on voit le village de *Vouvres*.

Le Maupas, « le mauvais pas », station du tramway, dénommé ainsi en raison de la côte rapide que franchit la route dans la traversée du village, fut un relais très fréquenté à l'époque du roulage. Le signal du Maupas, au point coté 529, est indiqué par une croix au milieu d'un bouquet d'arbres visible de très loin.

La plaine très fertile, où de plantureuses prairies alternent avec des cultures florissantes et, sur les coteaux qui la bordent, quelques timides essais de plantation de vignes, est parsemée d'une quantité de petits villages : à droite, Censérey, Diancey, Chelsey ; à gauche, Sussey, Argey, Huilly, etc.

Au sommet d'un plateau qui ferme la plaine au midi, on trouve Pochey (station) où bifurque la route qui conduit à gauche, soit à Pouilly-en-Auxois, soit à Mont-Saint-Jean et Précy, par Beurrey. Sur la droite de Pochey, commence la *forêt de Buan*, que la route longera presque jusqu'à Arnay.

Jouey (station). — Commune de 508 habitants, gisements de houilles inexploités.

Arnay-le-Duc. — Sur la ligne du chemin de fer des Laumes à Epinac, à 16 kilom. de Pouilly, 42 kilom. de Beaune (ligne du tramway), chef-lieu de canton de 2.500 habitants. Jolie petite ville, célèbre dans l'histoire par la bataille qu'y livra Henri IV, en 1595.

Arnay-le-Duc, bâti dans un site pittoresque, est une vieille ville aux rues tortueuses et accidentées. Elle possède de curieux monuments témoins d'un lointain passé, les ruines du château féodal de la *Motte Forte*, dont il reste une tour. Le château du XVIe siècle, ancienne résidence du Prince de Condé, est connu sous le nom de *manoir de Sully*. Henri IV y passa quelques jours après la bataille d'Arnay (on y voit encore sa chambre). Il est occupé actuellement par une fabrique de limes dont le propriétaire, M. Thomeret, se fait un plaisir d'en autoriser la visite.

Vieilles halles, dont les charpentes en bois supportent un toit de pierre du XIVe siècle, spécimen d'édifice que l'on ne rencontre que dans la vallée du Rhône, ou dans le Midi, et dans notre région, à Molay. Maison natale de *Bonaventure des Périers*. Sur la place, un peuplier isolé est un des arbres de la Liberté plantés dans toute la France vers le milieu du XIXe siècle.

Rimet-Bazin

ARNAY-LE-DUC. — Place de l'Église et Tour de la Motte-Forte.

A 6 kilom. d'Arnay, la source d'Arroux sortant d'un puits romain, est le but d'une jolie promenade. La station thermale de *Maizières*, source minérale lithinée, chlorurée, connue dès l'époque romaine, puis abandonnée et dont l'exploitation a été reprise avec succès il y a quelques années, n'est qu'à 5 kilom. d'Arnay.

Arnay-le-Duc est une ville très fréquentée des touristes qui vont en automobile de Dijon à Autun, par Pouilly.

De SAULIEU à POUILLY-EN-AUXOIS

(par Thoisy-la-Berchère et Mont-Saint-Jean)

Abandonnant pour quelques jours les sites sauvages et sévères du Morvan, pour les plaines ensoleillées et fécondes du riant Auxois, la première excursion qui s'impose au touriste sera la visite au château de Thoisy-la-Berchère. Son cadre charmant, qui met en valeur sa fine architecture, et les curiosités artistiques accumulées dans ses salles sauront satisfaire et émerveiller le visiteur.

Par la route Nationale 77 bis de Nevers à Dijon, route excellente pour tous les moyens de locomotion, ombragée de grands arbres, à 10 kilom. de Saulieu, et après avoir traversé la superbe forêt de 1000 hectares dépendant du domaine de Thoisy, on accède au gros bourg de Thoisy-la-Berchère. A droite de la route, émergeant de la verdure s'élancent les clochetons et les girouettes du château, tandis qu'à gauche commencent les vastes bâtiments de grosses fermes dont l'aspect cossu contraste singulièrement avec la modestie des exploitations agricoles morvandelles.

A. Duciel

Château de Thoisy.

Le château de *Thoisy*, style Renaissance restauré, est accessible aux touristes tous les jours, sauf pendant le séjour du propriétaire (de juillet à novembre), époque pendant laquelle on ne peut le visiter que le jeudi de chaque semaine.

Construit par les seigneurs de Thoisy, au XIIe siècle, vendu par eux en 1270 aux évêques d'Autun, qui l'ont possédé jusqu'en 1567. L'évêque Pierre de Marcilly le vendit alors à son neveu, Imbert de Marcilly-Sypierre. Yacinthe de Gondy, marquise de Sypierre, y reçut Henri IV, après la bataille d'Arnay-le-Duc.

Après sa mort, en 1634, Thoisy fut vendu à J.-B. Legoux de la Berchère, premier Président du Parlement, d'où lui est venu le nom de La Berchère.

En 1714, il fut acheté par César, duc de Choiseul-Praslin. Lucie de Choiseul, en épousant le prince Charles de Beauvau, l'apporta dans cette famille. Sa petite-fille Hélène, princesse de Beauvau, épousa, en 1869, le marquis de Montboissier-Cauillac, qui en est actuellement propriétaire.

La décoration intérieure avait été refaite sous Henri IV par les Marcilly-Sypierre, et le château a été tout récemment restauré par le marquis et la marquise de Montboissier. On y remarque un merveilleux mobilier ancien, de belles cheminées de pierre et de beaux plafonds à solives apparentes décorés de peintures. La chapelle où les boiseries, les têtes du Christ et des douze apôtres en pierre sculptée et dorée, et les peintures de la voûte, datent de Henri IV.

A. Duciel

THOISY-LA-BERCHÈRE
Le Château - Escalier de la Cour des Gardes

Au premier étage, dans une galerie de 40 mètres de longueur, les tapisseries dites de *l'Oiseau* qui ornaient la tente de Charles le Téméraire au siège de Nancy, en 1477, où elles furent prises par René II de Lorraine. Un des successeurs de Léopold de Lorraine les donna au Prince de Beauvau qu'il avait nommé Vice-Roi de Toscane vers 1750.

Il les plaça dans son château d'Haroué, près de Nancy, où elles restèrent jusqu'à ce qu'elles soient advenues par succession à une de ses descendantes, Hélène, Princesse de Beauvau, qui avait épousé le Marquis de Montboissier, et qui les plaça dans cette galerie, en 1883.

Après avoir quitté Thoisy, la route bordée de riches prairies descend par une pente douce dans la vallée du Serein et franchit cette rivière à 3 kilom. du village. Au Moulin-Genot, bifurcation : à droite, on atteint Marcilly (2 kilom.), Beurrey (5 kilom.) et Arnay-le-Duc.

A gauche, Ormancey (15 kilom.), Mont-Saint-Jean (2 kilom.), Missery (5 kilom.).

Missery, village de la vallée du Serein, est un ancien fief de la collégiale de Saulieu. Les domaines de Missery et de Saiserey figurent parmi ceux que Varé, abbé de Flavigny, donna à l'abbaye de Saint-Andoche de Saulieu. Le château entouré de fossés, avec sa belle avenue ombragée de grands arbres séculaires, ses cours, ses terrasses et son parc, conserve un bel aspect seigneurial. On remarque dans la chapelle les armes en relief de Jean Malain, propriétaire en 1430, et, dans la galerie intérieure, les portraits de François et de Louis de la Plume, successivement châtelains de Missery, de 1580 à 1655. Louis fut tué au siège de Condé. Sa sœur Odette-Catherine épousa Bernard de Thorey, dont les écussons armoriaux subsistent dans une chambre d'une des tours. Acheté en 1750, par J.-B.-Claude Suremain de Flammerans, le château appartient aujourd'hui aux Suremain de Saiserey.

MONT-SAINT-JEAN

« Le vieux château de Mont-Saint-Jean qui cache ses
« tours et ses murailles démantelées derrière un rideau
« d'arbres séculaires, comme un vieillard se plaît à dissi-
« muler sa décrépitude aux re-
« gards de la foule, est certaine-
« ment avec Thil et Charny, ses
« voisins, un des plus anciens
« spécimens de l'architecture féo-
« dale militaire en Bourgogne.
« Placé à l'avant d'un mont
« abrupt de 491 mètres d'alti-
« tude, sa situation est formi-
« dable et commande une vallée
« immense. Du haut du donjon
« on jouit d'une vue magnifique
« et grandiose. Tantôt l'œil
« plonge sur la riante vallée du
« Serein qui se déroule avec les
« châteaux de Thoisy, Missery,
« Lamotte et Thil, continuée au
« loin par un panorama de forêts,

A. Duciel

MONT-SAINT-JEAN. — Le Château.

« d'étangs, la ville de Saulieu et les montagnes bleues du
« Morvan ; tantôt sur les collines moutonnées de l'Auxois
« avec les villages de Marcilly, Fleurey, Ormancey, pendant
« que tout au fond se dressent les montagnes de Bar et
« de Sussey, reconnaissable celle-ci au groupe d'arbres qui
« couronnent son sommet. » (E. BOBIN, monographie du
château de Mont-Saint-Jean, 1892.)

Cette forteresse fut bâtie au XIIe siècle. Néanmoins, dans
les ruines que le temps et la sape ont épargnées on peut
encore reconnaître les restes de constructions plus anciennes
datant du Xe siècle. Dans la cour du château, où l'on ne
pouvait pénétrer que par un long couloir découvert fermé à
chaque extrémité, se trouvaient à gauche la *Salle des Gardes*,
aujourd'hui démolie, et la chapelle castrale transformée en

église paroissiale en 1453, consolidée et en partie reconstruite en 1874. Le clocher, pur roman, fait l'admiration des architectes et des archéologues.

La crypte, Xe ou XIe siècle, est ce qui en reste de plus remarquable : divisée en trois nefs par deux rangs de trois arcades plein-cintre, très basses, elle s'étend sous l'abside.

Au retour de la septième Croisade, Guillaume, seigneur de Mont-Saint-Jean, ayant rapporté d'Orient des reliques fort vénérées, les déposa dans des tombeaux de pierre en forme d'auge, sur lesquels on retrouve encore aujourd'hui quelques fragments d'une peinture très fruste et qu'il est difficile de dater.

A droite de la crypte, communiquant avec elle, se trouve une chapelle souterraine ou absidiale en cul-de-four garnie de niches actuellement murées.

A signaler aussi dans l'église un très beau rétable, autel Sainte-Pélagie, en pierre sculptée du XVIe siècle, divisé en trois tableaux ; deux châsses en bois sculpté du commencement du XVIIe siècle et une statue en bois peint de sainte Pélagie du XVIIIe siècle.

Le donjon qui subsistait en entier il y a une centaine d'années, eut son étage supérieur démoli vers 1800, et est aujourd'hui occupé par un fermier. Il était isolé du reste de la forteresse par un large fossé ; un pont-levis permettait d'y avoir accès. La salle d'honneur, la tour des archives, la seule qui ait conservé ses créneaux, la cuisine, la tour des oubliettes et la chapelle méritent de retenir un moment l'attention des touristes. Au nord-est du donjon s'étendaient la place d'Armes et le jardin du château.

Vendu comme bien national en 1793, et revendu depuis plusieurs fois, le château de Mont-Saint-Jean appartient aujourd'hui à M. Thomeret, industriel à Arnay-le-Duc.

Les seigneurs qui ont successivement possédé Mont-Saint-Jean sont : 1° les Mont-Saint-Jean ; 2° les Beauffremont ; 3° les Luxembourg ; 4° les Lorraine.

Marie-Louise-Julie-Constance de Rohan-Montauban, épouse de Louis-Charles de Lorraine, prince de Lambesc, comte de Brionne et de Charny, baron de Mont-Saint-Jean, Sénéchal de Bourgogne, connue sous le nom de comtesse de Brionne, vendit le comté de Charny et la baronnie de Mont-Saint-Jean en 1778, se réservant pour elle et les siens les titres y attachés. Sa fille, mariée en 1768, à Victor-Amédée de Savoie, prince de Carignan, est l'aïeule à la quatrième génération de S.M. Victor Emmanuel III, roi d'Italie, à qui, conséquemment, appartiennent les titres de comte de Charny, baron de Mont-Saint-Jean, etc., etc. (Voir à ce sujet, E. BOBIN, *ibid.*)

Le bourg de Mont-Saint-Jean, situé derrière le château et adossé à la montagne, a conservé d'une manière très curieuse un caractère nettement moyenâgeux.

MONT-SAINT-JEAN. — Vieille maison du moyen âge.

A l'entrée du village, en y accédant par l'ancien chemin, remarquer la *Porte Saint-Christophe*, portail séparatif de Mont-Saint-Jean bourg et Mont-Saint-Jean château. Six autres portes fortifiées ont disparu.

Une grande partie des habitations est du XIVe et du XVe siècle; plusieurs portent des niches où sont encore des statues anciennes et curieuses. Ruines d'un hôpital dont il subsiste une salle romane et un reste de chapelle. Voir l'armature en fer forgé du puits très profond situé sur la place principale. De cette place, le chemin à droite conduit aux ruines de l'ancien prieuré de Glanot, construit sur l'emplacement d'un camp romain et dont l'église romane était le lieu de sépulture de tous les seigneurs de la contrée.

Du moulin Genot, la route conduit par Melin (côte de la Raquette) et Chailly à Pouilly-en-Auxois.

Pouilly-en-Auxois, chef-lieu de canton, à 32 kilom. de Saulieu, sur le canal de Bourgogne et ligne du chemin de fer des Laumes-Alésia à Epinac.

L'église paroissiale actuelle (1868), n'a rien de remarquable; elle a remplacé une chapelle (monument historique) qui se trouve dans le cimetière de la ville à mi-côte de la butte Saint-Pierre, appelée communément *Montagne de Pouilly*.

Ce monument, récemment restauré, renferme plusieurs curiosités qui présentent aux visiteurs un cachet véritablement artistique. Ainsi la chaire, quoique bien détériorée, est ornée de jolis panneaux sculptés du XVe siècle; diverses statues et spécialement un Christ et des anges, qui semblent avoir appartenu à un monument de la résurrection, et surtout le groupe de la *Mise au tombeau* (9 personnages) qui date du commencement du XVIᵉ siècle, œuvre vraiment remarquable par la beauté et la vérité d'expression des principaux personnages.

D'aucuns font remonter au XIIIᵉ siècle la construction de cette chapelle. L'abbé Boudrot, archéologue distingué, lui assigne une origine beaucoup plus reculée, antérieure même au IXᵉ siècle.

Au sud de l'église sur un tertre, chaire à prêcher en pierre, et calvaire de la même époque.

Himet-Bazin

POUILLY-EN-AUXOIS. — Dans l'Eglise N.-D. (XIIIᵉ siècle). Le Sépulcre (Ecole Bourguignonne du XVIᵉ siècle).

Pouilly est le point culminant du canal de Bourgogne, qui y franchit la ligne de partage des eaux (bassin de la

POUILLY-EN-AUXOIS. — Le Tunnel du canal.

Seine et du Rhône), au moyen d'un souterrain de 3.333 mètres de longueur, construit de 1826 à 1834. La tête nord de ce souterrain est à l'entrée même de la ville. Deux fois par jour un toueur électrique assure le passage des bateaux.

Au-dessus du souterrain percé en ligne rigoureusement droite et de chaque côté de la profonde tranchée qui l'accompagne existent de belles promenades ombragées.

Cinq réservoirs, destinés à alimenter le canal de Bourgogne, ont été construits dans la région ; l'un d'eux le *Réservoir de Grosbois*, qui est situé au bord de la route de Paris à Genève, dans une cuvette encadrée de falaises boisées, attire tout particulièrement l'attention des visiteurs ; l'une de ses deux digues superposées a 550 mètres de longueur et 25 mètres de hauteur ; il contient dix millions de mètres cubes d'eau.

En allant de Pouilly à Grosbois, on longe le pied des roches de Beaume, falaises dont la hauteur atteint 40 mètres, et on découvre sur un monticule le château historique de *Châteauneuf* qui, au xive siècle, fut le rendez-vous de la noblesse de la Bourgogne.

L'historien Munier dit que Richard le Justicier, mort en 921 « prenait son séjour à Pouilly qui est un lieu de « plaisance ; il y faisait quantité d'actions de piété et rendait « la justice secondé de Raoul, son fils aîné, depuis Roi de « France ».

Aujourd'hui comme au xe siècle, Pouilly est une résidence agréable et nombreux sont les étrangers qui viennent s'y reposer pendant les vacances.

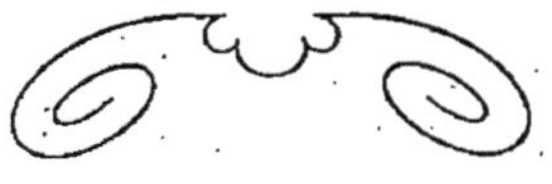

DE SAULIEU A LAMOTTE-TERNANT

(Retour par Villargoix)

— •o•—

Une journée suffira pour faire cette pénible mais charmante excursion. Les pêcheurs y trouveront non seulement un paysage pittoresque, mais l'occasion d'exercer leurs talents sur les bords du Serein, dans la profonde vallée sur les flancs de laquelle est bâti le village de *Lamotte-Ternant*.

On peut parvenir à Lamotte par deux routes : soit le chemin vicinal ordinaire qui de Saulieu traverse les lignes de chemin de fer à la gare même et gagne, par les bois de Rudemont et de Villargoix, le hameau de *Chazelle-en-Morvan*, soit par la route Nationale de Saulieu à Semur, que l'on quitte presque à la station du tramway Ste-Isabelle, pour prendre à droite le chemin conduisant au petit village de Ste-Segros et de là à Chazelle-en-Morvan.

Après une descente très rapide et très sinueuse, du haut de laquelle on jouit d'une vue superbe sur la vallée étroite et encaissée qu'arrose la Baigne, petit affluent du Serein, on arrive au bourg de *Lamotte-Ternant*.

LAMOTTE-TERNANT
Ruines du Château de Gabrielle d'Estrées

Situé sur les limites du Morvan, à 12 kilom. de Saulieu, ce village est divisé en deux parties : le château avec les groupes d'habitations qui l'entourent, et l'église au sommet d'un monticule qui surplombe le reste de l'agglomération, ainsi que les deux vallées du Serein et du Baroiller.

Le château féodal dont il ne reste que des ruines (ancien château de *Gabrielle d'Estrées*) était bâti sur un éboulis de rochers au confluent même des deux ruisseaux de Lamotte. Il n'en reste que deux murs, des pans de murailles et un portail. On a encore accès dans une partie souterraine d'une cinquantaine de mètres de long et terminée brusquement par un mur : c'est, dit-on, l'entrée des souterrains qui auraient communiqué, d'après la légende, avec les châteaux de Thil et Mont-St-Jean.

L'église est du xie siècle. Le comte de Tavannes, tout dévoué à Henri IV, occupa Lamotte en 1591. Courtépée raconte que du presbytère, situé à côté de l'église, et d'où la vue se porte agréablement sur la vallée du Serein, on jouit d'un curieux spectacle de feux follets qui vont et viennent en se jouant sur la rivière et les prairies.

De Lamotte nous recommandons de rentrer à Saulieu par le Val-Croissant et Villargoix. Au Val-Croissant. enseveli dans une vallée profonde et ombragée, avait été fondé, en 1216, un monastère. Il ne reste que les ruines de son église du xive siècle, servant aujourd'hui de magasins à fourrages. C'était une vaste et belle construction de style gothique dont les voûtes ont été abattues. On y voit encore deux belles rosaces, l'une à l'orient, l'autre à l'occident. Un château moderne a remplacé les bâtiments du monastère.

Les grands sapins qui ombragent toute cette profonde vallée font penser à un paysage du Jura ou des Vosges. En continuant le chemin à 5 kilom. environ, on arrive à *Villargoix*, village de la vallée du Baroiller (sur l'emplacement d'une antique villa romaine dont on a trouvé des vestiges au lieu dit le " Vieux Château "), et, comme Lamotte, divisé en deux parties : au sud, l'église, chœur en abside du xiie siècle, sans caractère remarquable ; au nord, le château. Situé dans la prairie, au confluent des ruisseaux de Baroiller et de

A. Duclel

VILLARGOIX. — Le Château.

Baigne, il est formé de trois corps de logis, flanqué de quatre grosses tours carrées : l'une de ces tours est aménagée en chapelle où l'on peut voir le blason des ancêtres de la famille de Balathier. Au centre, se trouve la cour d'honneur où l'on arrive en traversant un portail autrefois précédé d'un pont-levis. Les anciens fossés existent presqu'en entier. Voir d'intéressants portraits de famille et de jolis meubles de style. De Villargoix à Saulieu (4 kilom.), la route, chemin vicinal ordinaire, est très fatigante. Quittant le village par des lacets très raides, elle monte presque continuellement : la différence d'altitude, en effet, dépasse 150 mètres.

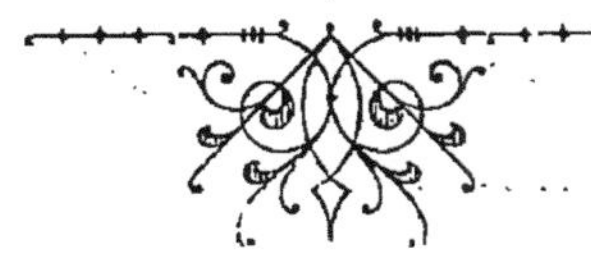

De SAULIEU à SEMUR ou VITTEAUX

(Par Précy-sous-Thil)

Tramway de Saulieu à Semur (28 kilom.) : 6 trains par jour. 1er départ : 5 h. du matin ; dernier, retour : 8 h. du soir).

Route très favorable aux autos et aux cyclistes, pente douce et continue pendant une grande partie du trajet. A 3 kilom. de Saulieu, hameau de *Château-Benoit*, dont le nom vient d'une maison de campagne qu'y possédaient des Bénédictins établis à Saulieu. Plus loin, le Champmonin dénote la même origine.

J Chatenay

Thil. — Ruines du château.

Traversée des bois, dits « les bois de Saulieu ». A 10 kilom., *Montlay,* village de 332 habitants, église du XIIe siècle, tout en longueur sur la route. A proximité, le lieu dit « le Creux-du-Diable ». A gauche de Montlay, à 1 kilom., le *château de Juillenay,* appartenant à M. le Comte Miron d'Aussy. Plus loin, à 2 kilom., celui d'*Arcenay,* appartenant à M. le Comte de Balathier-Conygham.

Un peu avant Précy, également sur la gauche à 1 kilom. de la route, le *château d'Aisy* (style Renaissance), à M. le Comte Perrot de Charelles.

Précy-sous-Thil. — Chef-lieu de canton sur le Serein (750 habitants). Anciennes forges aujourd'hui abandonnées. Le bourg est adossé à la montagne de *Thil,* dominée par les ruines du château féodal du même nom, XIIe siècle, ainsi que la collégiale (XIe et XIIe siècles). A l'intérieur, on peut admirer de belles sculptures et une pierre tombale de 1145. Voir aussi les admirables stalles du chœur qui sont exactement semblables à celles de l'église de Saint-Andoche de Saulieu. Une allée de tilleuls séculaires relie l'église au château. Panorama splendide sur l'Auxois et le Morvan.

THIL. — Ruines de la Collégiale, fondée en 1340, par Jean II de Thil, connétable de Bourgogne.

Bierre. — Château moderne appartenant à M. le Comte de la Ferrière. Promenade de l'hermitage.

Courcelles. — Restes d'un château du XIVe siècle. Eglise de la même époque. A signaler aux pendentifs des voûtes, des têtes de paysans remarquables. Dans le cimetière, croix du XVIe siècle.

Semur. — Chef-lieu d'arrondissement (3.600 habitants), sur l'Armançon. Situation remarquable rappelant celle de Berne, la capitale Suisse. Magnifiques promenades, théâtre, hôpital, collège, musées, dont un de géologie très goûté des connaisseurs. Bibliothèques.

Monuments les plus remarquables : Eglise Notre-Dame, bâtie du XIe au XVe siècle, restaurée par Viollet le Duc (monument historique). La nef, longue de 27 mètres, très étroite, fait davantage ressortir la hauteur des voûtes. Nombreuses chapelles très curieuses : chapelles des Fonts, chapelle du Sépulcre (mise au tombeau de 1490), chapelle Sainte-Barbe, des Bouchers, des Drapiers, de la Vierge, de Sainte-Anne. — Ciborium du XVe siècle.

Le donjon (monument historique) dont les quatre tours : tour Lourdault, tour de la Gehenne, tour Margot, tour de la Prison, mesurent plus de 40 mètres de hauteur, avec des murs de 2 m. 25 d'épaisseur et un diamètre intérieur de 11 m. 20.

Visiter les Bibliothèques, l'Hôpital, l'Hôtel de Ville, la porte Guillier. Voir le pont Pinard, sur le chemin de Pertuisot, le pont Joly, sur la route départementale n° 6, le viaduc du chemin de fer (7 arches de 33 m. de hauteur).

Autour de Semur, quantité de promenades et d'excursions très intéressantes : — Aller à Flavigny (église des XIIIe et XVe siècles), belles stalles, jubé, ruines d'une abbaye du VIIIe siècle, actuellement fabrique d'anis; visiter les fouilles d'*Alésia* sur le mont Auxois (15 kilom. de Semur, par le chemin de fer jusqu'aux Laumes). On peut faire cette excursion et rentrer le même soir. Ne pas oublier le *château de Bourbilly*, appartenant à M. le Comte de Franqueville (à 10 kilom. de Semur, sur les bords du Serein); il fut la demeure de sainte Jeanne-Françoise Frémyot de Chantal et rappelle les premières années de Madame de Sévigné. A l'intérieur, tapisseries anciennes; dans la chapelle, reliques de la sainte, tombeau du Baron de Bussy-Rabutin.

Pour de plus amples renseignements, consulter le *Guide* publié par le Syndicat d'Initiative de Semur (siège social à Semur).

A *Précy-sur-Thil*, la route de Saulieu à Semur croise la route Nationale n° 70 d'Auxerre à Dijon par Avallon, Rouvray, Précy et Vitteaux. Par cette route et dans la direction de Vitteaux, on trouve, à 9 kilom. à droite, *Clamerey*, église du XIIe siècle, restaurée en 1882, tombeaux carolingiens autour de l'église et dans le cimetière; à gauche, *Braux*, sur le canal de Bourgogne. A 10 kilom., *Pont-Royal*, village dont le port sur le canal de Bourgogne avait à l'époque du roulage une importance assez considérable.

A Pont-Royal bifurque la route de Semur à Pouilly-en-Auxois qui traverse à droite, après 4 kilom., le village de *Saint-Thibault*, dont l'église (monument historique) est en tous points remarquable, et peut être classée parmi les plus curieuses de la région. « Il n'existe de cette église, « construite aux XIIIe et XIVe siècles, que l'abside principale « et la chapelle absidale Nord, élégante et légère construction « du XIVe siècle. L'intérieur est si riche en moulures et orné « de galeries d'un dessin si original qu'elle peut être consi-« dérée comme des plus intéressantes. Le chœur, remarquable

« par sa hardiesse, mais en partie détruit, a été élevé de 1279
« à 1323, sur le modèle de celui de Saint-Urbain de Troyes.
« On arrive dans cette partie de l'ancienne église par une
« porte ogivale ornée de bas-reliefs dans son tympan (mort
« de la Sainte-Vierge, son assomption, son couronnement)
« de cinq figures en ronde-bosse entre ces piédroits : au
« trumeau Saint-Thibault et sur les côtés, Robert II, duc de
« Bourgogne et Agnès, sa femme, fille de Saint-Louis, un
« sire et une dame de Saint-Beury ; vantaux en bois du
« XIIIe siècle, d'une excellente exécution et présentant 32
« sujets élégamment encadrés dans de jolis ornements
« gothiques ; cette église a été restaurée par Viollet le Duc,
« de 1844 à 1848. » (D'après PERRAUT-DABOT, *l'Art en
Bourgogne*).

A l'intérieur, piscine du XVIe siècle, deux tombeaux, une
châsse (mon. hist.), une statue de la Vierge (mon. hist.),
deux bas-reliefs en pierre du XIVe siècle, un Christ en bois
peint (mon. hist.) du XVe siècle, et une custode (mon. hist.)
en forme de crosse épiscopale du XVIe siècle. Dans la nef, les
boiseries sculptées du XVIIe siècle proviennent de l'église
Notre-Dame de Semur. Dans le cimetière, croix du XIVe siècle.

Revenant sur la route Nationale n° 70, on trouve, à
15 kilom. de Précy, *Vitteaux*, chef-lieu de canton (1.350 habitants) sur la ligne des Laumes-Alésia à Epinac, jolies promenades, maisons anciennes, église du XIIe siècle, dont l'abside
a été transformée au XIIIe siècle. Chapelles des XVe XVIe et
XVIIe siècles. Une tribune d'orgue du XVe siècle.

COUVEUSES
à Régulateur automatique de Chaleur

Les PLUS SIMPLES et les MEILLEUR MARCHÉ

(Envoi franco du Nouveau Catalogue Illustré)

ŒUFS A COUVER

de POULES de HOUDAN et FAVEROLLES : **5** francs les **12** ; **10** francs les **25** ;
de POULES de LA FLÈCHE, de CRÈVE-CŒUR, de CANES de ROUEN : **6** francs les **12**.

Les ŒUFS clairs seront remplacés ou remboursés

PETITS POUSSINS

Race HOUDAN et FAVEROLLES : **15** francs la Douzaine, **28** francs les **25**.

ŒUFS et POUSSINS rendus Franco de Port, Emballage compris

PARIS 1900 - MÉDAILLE D'OR

J. PHILIPPE, à HOUDAN (S.-&-O.)
SEMET, Succr

Maison de Confiance, fondée en 1878

DÉPOT A PARIS : **28, Quai du Louvre**

Construction spéciale de Voitures et d'Automobiles

de Luxe
de Commerce
en blanc
et finie
Ventes - Echanges

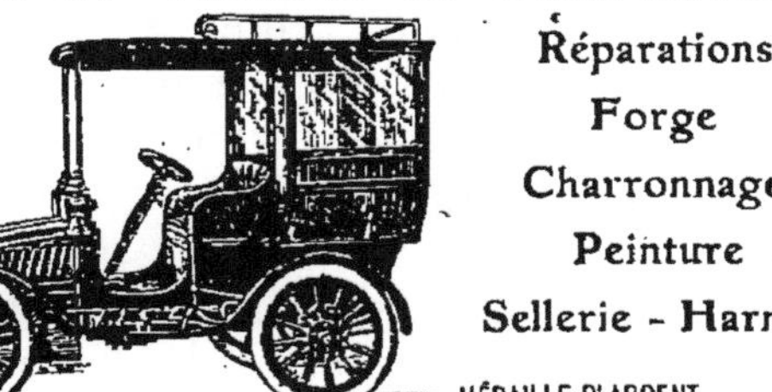

Réparations
Forge
Charronnage
Peinture
Sellerie - Harnais

Création de nouveaux Modèles sur plans géométriques par procédés nouveaux

OUTILLAGE MÉCANIQUE PERFECTIONNÉ

Ancienne Maison BARBIER, fondée en 1835

CHAUMIEN-JULIEN

Ex-Maître Ouvrier de 1re Classe (Constructions mécaniques, Arsenaux de l'Etat)

SAULIEU — Rue Courtépée — SAULIEU

De SAULIEU à AVALLON

(par LA ROCHE-EN-BRENIL et ROUVRAY)

Courte mais très agréable est la promenade de Saulieu à La Roche-en-Brenil (12 kilom.). Le touriste peut facilement faire cette excursion en une matinée ou en une après-midi. Le train peut l'aider à l'aller et au retour, mais la route est beaucoup plus intéressante à faire à bicyclette ou en voiture.

A peine sorti de Saulieu, après avoir gravi la petite côte du Perron, l'excursionniste entre dans la superbe forêt domaniale de Brenil, remarquable surtout par ses lignes spacieuses, dignes de faire rêver les amateurs de chasse à courre. Enchanteresse en été, la forêt de Brenil a en hiver un aspect que malheureusement la grande partie des touristes ne peut admirer. La seule grande ligne en vue depuis la route avec ses grands arbres à ce moment dépouillés de leurs feuilles et pliant sous le poids de la neige et du givre, est d'un aspect féerique, surtout lorsque les rayons pâles d'un soleil frileux de janvier viennent teinter de rose l'admirable manteau blanc.

Arrivé au hameau de Chanteau (4 kilom.), le touriste voit immédiatement se dresser sur la droite les ruines du château. Il n'y a pas bien longtemps encore, on pouvait admirer le magnifique parc aujourd'hui exploité ; aucun des beaux arbres séculaires, qu'on se plaisait à y contempler, n'a trouvé grâce devant la hache du bûcheron. Actuellement, l'emplacement du parc disparu n'est qu'une lande encombrée de troncs, de branchages et de pauvres huttes de charbonniers, qui ajoute sa note triste à l'aspect désolé des débris du château.

Ce château, berceau des familles de Latané de Puy-Foucault et de Boisjourdan, actuellement propriété du commandant baron de Fontanges, fut détruit par un incendie en 1904. Avec lui fut complètement anéantie la splendide bibliothèque riche en ouvrages précieux qu'elle contenait.

De la terrasse on jouit d'une vue superbe sur les coteaux de l'Auxois.

A environ 1 kilom. de Chanteau, sur la gauche, un chemin conduit à Saint-Didier, à Montachon et Grandvaux ou au *Bouloy*, dont les curieux menhirs sont classés monuments historiques. De ce point, la route continuellement bordée de bois qui l'ombragent, conduit sans pentes dures à la *Croix de Molphey* (chemin vicinal accidenté conduisant à Molphey et Lacour-d'Arcenay). En quittant Molphey, nous traversons un bois de sapins qui s'étend assez pour accompagner le touriste jusqu'au point d'où il aperçoit les premières maisons de *La Roche-en-Brenil*.

Quelques centaines de mètres encore et voici apparaître le clocher svelte et élégant de l'église paroissiale. Située à l'extrémité méridionale du bourg, elle a la forme d'une croix latine. Le chœur, terminé par un pignon, est d'un style ogival très rustique. C'est la partie la plus ancienne. La nef appuyée de deux bas-côtés fut reconstruite en 1852 dans le style du xiii⁰ siècle, et du caractère le plus pur et le plus élégant.

Château de LA ROCHE-EN-BRENIL. — Pont-levis.

Au côté nord du chœur, une chapelle jadis seigneuriale. Bâti sur le portail de l'ouest, en 1861, le clocher assez élancé a remplacé une tour massive qui formait narthex à sa base.

Le joli bourg de La Roche-en-Brenil (gare ligne Avallon-Autun, poste, télégraphe, téléphone), 420 m. d'altitude, est bâti sur un plateau granitique le long de la route Nationale n° 6, de Paris à Chambéry. Des flancs de ce plateau s'échappent des sources et des ruisseaux qui forment de nombreux étangs très poissonneux. La contrée très accidentée et couverte de forêts est riche en sites pittoresques.

L'ancien manoir des seigneurs, situé dans la vallée à l'est du bourg avec lequel il communique par une longue avenue de vieux tilleuls, sera la visite la plus intéressante.

Ce château a conservé jusqu'à ce jour son aspect féodal avec son donjon, ses fossés, son pont-levis. Sa reconstruction date du xviie siècle. Les bois, prés et rochers qui occupent l'espace entre le manoir et l'étang de Villerin forment une sorte de parc naturel d'un caractère très pittoresque.

La baronnie de La Roche-en-Brenil fut possédée successivement depuis le viie siècle, par Rainier de La Roche, Guy son fils, et Hugues de Bourbon. Du xive au xvie siècle, le manoir fut la propriété de la grande famille Bourbon de Montperroux. Le dernier de ses descendants, Guy-Marie-Denis, mourut sans postérité en 1839, et, deux ans après, le château était vendu à Charles-René, comte de Montalembert.

Les salles que le touriste, connaisseur ou amateur, verra avec le plus de plaisir sont d'abord : la salle des gardes avec la devise multipliée : « *Plus d'honneur que d'honneurs* », écrite en lettres d'or et que l'on retrouve presque partout. Le salon et

A. Duciel

Château de La Roche-en-Brenil. — La Bibliothèque.

la salle à manger avec leurs superbes tapisseries ; enfin la bibliothèque et le bureau où a travaillé le comte de Montalembert et où sont conservés avec un soin jaloux sa correspondance et ses manuscrits inédits.

Le château, encore tout vibrant des souvenirs de l'illustre écrivain, appartient aujourd'hui à M. le comte Henricaut de Grunne, un de ses gendres, et nous pouvons promettre l'accueil le plus aimable aux visiteurs de cette belle propriété.

A 9 kilom. de La Roche, en continuant la belle route que le touriste avait quittée pour visiter le vieux manoir, il trouvera

Rouvray, gros bourg de 780 habitants, autrefois centre très important de roulage. Non loin de Rouvray, il pourra visiter les mines de charbon de *Sincey*.

De Rouvray, un chemin vicinal très accidenté conduit à *Saint-Andeux* (3 km.) village coquettement assis sur un des derniers plateaux granitiques du Morvan entre les allées étroitement encaissées du Vernidard et de la Romanée. Eglise du XIVᵉ siècle en forme de croix latine. Au sud de l'église, vestiges de l'ancienne maison-forte des seigneurs de Saint-Andeux, rasée en 1478. Le château actuel qui appartient au baron Dutheil de la Rochère, est une massive construction flanquée de deux grosses tours carrées ; les fossés ont été comblés et nivelés. Dans le beau parc qui l'entoure, voir le majestueux cèdre du Liban qui n'a d'égal en France que celui du Jardin des Plantes.

De Saint-Andeux, un chemin vicinal bien entretenu conduit à *Ruère*, d'où l'on peut gagner *Saint-Agnan* par les sombres bois du Bon-Rupt. Du Bon-Rupt, vue très étendue sur l'Auxois. Un autre chemin vicinal, remontant la vallée de la Romanée, passe à Saint-Germain-de-Modéon, Lavernoi, pour aboutir à proximité de la gare de Roche-en-Brenil, après avoir gravi les durs lacets de Tournesac. Dans cette région abondent d'excellentes carrières de granit.

En allant toujours plus avant, le touriste trouvera bientôt la gracieuse ville d'*Avallon* (6.000 habitants), située au point de jonction des lignes ferrées d'Avallon à Nuits-sous-Ravières et à Autun, de Cravant aux Laumes.

(Pour plus amples renseignements, s'adresser au Syndicat d'Initiative Avallonnais, bureaux 19, place Vauban.)

LA FLORE MORVANDELLE

Que de choses ravissantes à décrire sur cette partie du Morvan ?

L'amateur de sites pittoresques, le paysagiste, l'archéologue, le géologue, etc., trouveront amplement, en explorant ces régions si favorisées de la nature, de quoi développer leur goût artistique et scientifique.

L'amateur de plantes, le botaniste, sera émerveillé par la richesse de la flore morvandelle. Là, en effet, croissent en voisines, et dans la meilleure harmonie, les plantes les plus communes que l'on rencontre dans toutes les parties de la France et sous tous les climats, avec d'autres qui semblent n'avoir été jetées sur le sol qu'avec parcimonie.

Il y a peu de régions en France aussi avantageusement situées que le Morvan au point de vue de la flore. On y rencontre, en effet : montagnes accidentées, plaines sablonneuses, immenses forêts, étangs nombreux. Bien que le sol soit en général granitique, siliceux, on trouve aussi dans certains endroits, des sols purement argileux et d'autres assez riches en calcaire ; puis, auprès des étangs, un sol nettement tourbeux.

Nous n'entreprendrons pas de faire la nomenclature de tous les végétaux si divers qui font du Morvan, pour le botaniste, un vrai paradis terrestre ; nous nous contenterons d'énumérer quelques-uns des spécimens les plus rares.

Ce sont, en les désignant par leur nom scientifique, les *Ranunculus : aconitifolia, flammula et lingua.*

Le *Nymphea alba* étalant sur les mares ses larges feuilles arrondies en cœur que domine sa magnifique corolle à la blancheur du lis ; on le rencontre souvent mêlé au *Nuphar luteum* qui ne diffère du premier que par la couleur jaune d'or de ses pétales. Dans les marais encore nous rencontrons la *Parnassia palustris*, qui dresse fièrement sa charmante petite fleur blanche craignant de la voir souiller par la vase

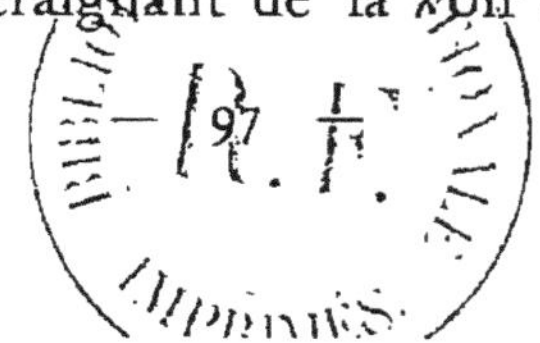

infecté. Dans les mêmes endroits croît, au milieu de l'herbe,
l'élégant *Drosera*, la plante carnivore comme on l'appelle, ses
feuilles aux longs cils gluants ayant la propriété de se fermer
et de retenir prisonniers les imprudents insectes qui ont la
témérité de s'en servir comme lieu de repos ou qui viennent
en sucer le suc qu'ils sécrètent. Ce phénomène fit supposer
à quelques auteurs anciens que la plante se nourrissait de ces
petites bestioles.

Sur le bord de certains étangs, l'étang Morin entre
autres, on rencontre une agréable petite plante, le *Vaccinium
oxycoccos* (canneberge) aux petites fleurs roses d'une extrême
délicatesse et aux feuilles ténues. On trouve aussi dans certaines mares les *Utricularia vulgaris* et *intermedia*, dont les
petites fleurs jaunes, presque insignifiantes, dépassent à peine
la surface de l'eau, tandis que les feuilles sont complètement
immergées ; le *Trapa natans*, appelé vulgairement châtaigne
d'eau, par suite de la ressemblance de son fruit avec celui du
châtaignier ; comme le fruit de ce dernier, il renferme une
sorte de fécule recherchée des enfants. On le trouve souvent
mélangeant ses larges feuilles flottantes à celles allongées de
diverses espèces de *Potamogetum*. Les mares nous procurent
aussi le *Menyanthes trifoliata*, ou trèfle d'eau, en raison de la
forme de sa feuille trilobée comme celle du trèfle de nos
prairies.

Une autre variété, c'est le *Mimulus luteus*, plante originaire d'Amérique et sans doute récemment importée dans la
région avec de la semence de foin provenant du Nouveau-
Monde.

Ne quittons pas les étangs aux eaux limpides ou les
marais fangeux sans signaler encore le *Comarum palustris* et
surtout les diverses variétés de *Lycopodium*, petites plantes
charmantes du plus grand intérêt pour le botaniste.

Si nous parcourons maintenant les montagnes escarpées
ou les sombres forêts, nous rencontrons l'*Anemone pulsatilla*,
aux larges fleurs d'un violet velouté, l'*Arnica montana*, si
connue pour ses propriétés médicinales, la *Calluna vulgaris*
(Bruyère), plante ressemblant à un petit arbuste. Une variété
à fleurs blanches croît dans les bois de la Pierre-qui-Vire.

L'*Osmunda regalis*, le *Blechnum spicant*, fougères des plus
intéressantes, mais non des plus communes.

Les *Chrysosplenium oppositifolium* et *alternifolium*, le *Daro-
nicum pardalianches*. L'amateur de plantes pourra découvrir
aussi la *Carrigiola littoralis*, l'*Illecebrum* et une foule d'autres
espèces assez rares ailleurs. A chaque pas il pourra admirer la

splendide *Digitalis purpurea*, avec ses magnifiques panicules de fleurs roses ponctuées de noir ; ses feuilles sont un poison violent, mais, prises à faibles doses, elles rendent d'immenses services dans les maladies du cœur.

A signaler également l'*Ajonc* aux fleurs d'or, chanté par le barde breton.

De nombreuses variétés de *Genêts* intéresseront aussi le collectionneur. Enfin, nous terminerons cette nomenclature en donnant une mention spéciale au *houx* avec ses feuilles d'un vert luisant, armées de piquants acérés, et ses baies d'un beau rouge qui en font une plante d'ornement par excellence.

Botanistes, qui désirez enrichir votre collection, vous ne regretterez pas une excursion dans les environs de Saulieu et serez assurés de ne pas quitter cette région sans avoir fait une ample cueillette des spécimens que vous chercheriez vainement dans d'autres parages.

Liste des Plantes les plus intéressantes

Saulieu et alentours. — Digitalis purpurea L. — Osmunda regalis L. (T.R.), Forêt de Brenil, Vente à l'Italienne. Bois de la Fiotte. — Lycopodium selago, clavatum, inundatum L. (R.). — Utricularia minor L. (T.R.). Impatiens noli tangere L. (T.R.). — Mimulus luteus L., Etang desséché du champ de la Foire (T.R.). — Phelipœa cœrulea. C.A. Mey (T.R.), Villeneuve près Saulieu. — Genista anglica L. (R.). — Litorella lacustris L. (Etangs granitiques). — Alisma plantago L., natans L. (T.R.), Ranunculoïdes L. (R.), Etangs. — Cicendia filiformis, Delarb. — Equisetum silvaticum L. (R.). — Veronica parmularia Poit. et Turp. (H.R.), Sainte-Isabelle près Saulieu. — Tillea muscosa L. (T.R.), Etang d'Hébert-Mourot. — Antonnaria dioica (Goertu T.R.) Walhenbergia hederacea Rehb (T.R.), (Mongin-le-Beau). — Lomaria spiecent (Desv. R.). — Equisetum silvaticum L. (R.). — Doronicum austriacum Jacq. (T.R.). — Sedum villosum L. (R.). — Viola palustris L. (A.R.). — Parnassia palustris L. (R.). — Polygala serpillacea Weihe (R.). — Arnica montana L. (R.). — Epilobium roseum schreb (A.R.). — Myriophyllum alterniflorum de Candole (A.R.). — Campanula patula L. (A.R.). — Vaccinium Myrtillus L. (T.R.), aux Carons près Saulieu. — Juneus squarrosus L. (A.R.). — Ulex europæus L. à Vrilly près Saulieu (R.). — Botrychium Lunaria (Sw.) (T.R.), (Thoisy-la-Berchère). — Carex dioica L. (T.R.). — Potamogeton obtusifolius M. et K. (T.R.). — Senecio memorensis L. (R.). — Leucanthemum Parthenium Gren et God. (A.R.).

Stations intéressantes à visiter : Etangs d'Hébert-Mourot, Mongin-le-Beau, Champ de la Foire, Forêt de Brenil, Bois des Carons, etc.

Saint-Léger-de-Fourches. — Digitalis purpurea L. — Lycopodium selago L. (T.R.). — Clavatum L. (R.). — Inundatum L. (R.). Etangs Bordot, Morin, etc. — Menyanthes trifoliata L. — Oxicoccos palustris Person (T.R.) Étang Morin. — Polypodium Phegopteris L, (T.R.). — Drosera rotundifolia L., intermedia Hayne. — Etangs Bordot, Morin, etc. — Potamogeton rufescens schrad ; obtusifolius M. et K. (T.R.). — Osmunda regalis L. (T.R.). — Carex canescens L. (T.R.). — Teretiuscula Good (T.R.), limosa L. (T.R.). — Nephrodium oreopteris Kunth (T.R.). Cerasus Padus D.C. (T.R.). — Anagallis tenella L. (R.). — Etangs Morin, Bordot, etc. — Eriophorum gracile Koch (T.R.). Etangs Morin. — Lysimachia memorum L. (R.). — Doronicum austriacum Jacq. (T.R.). — Sedum villosum L. (R.). — Viola palustris L. (A.R.). — Arnica montana L. (R.). — Polygonum Pistorta L. (A.R.). — Juncus squarrosus L. (A.R.).

Stations intéressantes à visiter : Etangs du moulin Morin, prairies tourbeuses, marécages, etc.

Échamps. — Nephrodium oreopteris Kimth. (T.R.). Bois de Verneau, près l'étang Larmier. — Eriophorum gracile Koch (T.R.). Etang Larmier. — Pilularia gobulifera L. (T.R.), mares de Potaquin. — Lomaria spicant Desv. (R.). — Equisetum silvaticum L. (R.). — Anagallis Tenella L. (R.). — Lysimachia memorum L. (R.). — (Mêmes variétés qu'à Saint-Léger.)

Stations intéressantes à visiter : Étangs de Chailloux, Fortier, Larmier' prairies marécageuses.

Moux. — Veronica parmularia Poit et Turp. (A.R.). — Digitalis purpurea L. — (Mêmes variétés spéciales à la flore du Morvan.)

Stations intéressantes à visiter : Etang de Chazelles, prairies, marécages, etc.

Les Settons. Montsauche. — Mêmes variétés qu'à Saint-Léger. — Le lac des Settons, par sa grande étendue, offre un champ d'action très important aux botanistes, par la diversité des variétés et leur grand nombre.

Saint-Didier. — Ciceudia filiformis Delarb. (T.R.), étangs. — Tillea muscosa L. (T.R.), (champ de croix). — Doronicum austriacum Jacq. (T.R.). — Antennario dioica Gœrn (T.R.). — Walhenbergia hederacca Rehb. (T.R.). — Anagalis tenella L. (R.). — Elodes palustris Spach (T.R.), champ de croix près Saint-Didier). — Drosera rotumdifolia L. — Viola palustris L. (A.R.). — Parnassia palustris L. (R.). — Juncus squarrosus L. (A.R.). — Ulex europæus L. (R.). — Ranunculus aconitifolius L. (R.).

Stations intéressantes à visiter : Etang de Saint-Didier, Champ de croix, prairies marécageuses, etc.

Laroche-en-Brenil. — Sison amomum L. (T.R.). — Galium silvaticum L. (R.). — Alisma natans L. — Satyrium viride L. (R.). — Littorella lacustris L. — Anagallis tenella L. (R.). — Doronicum austriacum Jacq. (T.R.). — Antennaria dioica Gœrtn (T.R.). — Walhenbergia hederacea Kehb (T.R.). — Sedum villosum L. (R.). — Viola palustris L. (A.R.). — Myriophyllum Bistorta L. (A.R.). — Juneus squarrosus L. (A.R.). — Rhynchospara alba Vahl (R.). — Ranunculus aconitifolius L. (R.).

Rouvray. — Sison amomium L. (T.R.). — Junceus capitatus Weig. (R.). — Doronicum austriacum Jacq. (T.R.). Antennaria dioica Gœrtn (T.R.). — Pilularia globulifera L. (T.R.). — Etang Vernon à Rouvray. — Sedum villosum L. (R.). — Myagrum perfoliatum L. (T.R.). — Viola palustris L. (A.R.). — Parnassia palustris L. (R.). — Myriophyllum alterniflorum D.C. (A.R.). — Polygonum Bistorta L. (A.R.). — Juncus supinus Mœnch (R.).

Saint-Andeux. — Mêmes variétés qu'à Laroche-en-Brenil: Juncus capitatus Weig. (R.). — Barkhausia setosia D.C. (T.R.) — Helodes palustris spach (T.R.).

Saint-Germain-de-Modéon. — Helodes palustris spach (T.R.). — Lycopodium selago L. — Lomaria spicant Desv. (R.). — Arnica montana L. (R.). — Eleocharis multicaulis Dietr. (R.), (Etang de Romanée).

Thoisy-la-Berchère. — Botrychium Lumaria Siv. (T.R.). — Ciceudia filiformis Delarb. (T.R.). — Potamogeton tricoides Cham. et Schlech. (T.R.), Étang près la Chaume Roblot, entre Saulieu et Thoisy-la-Berchère. — Silybum Marianum Gœrtn (T.R.). — Anemone pulsatilla L.

Liernais. — Orchis coriophora L. (T.R.). — Campanula patula L. (A.R.). Melin près Liernais. — Tussilago Vetantes L. (R.). — Filago lutescens Jordan (A.R.). — Ranunculus trichophyllus Chaix (R.). — Aquatilis L. (A.R.). — Barbarea intermedia Bor. (T.R.). — Barbarea patula Fries (T.R.).

Villargoix. — Anemone L. (Flore des étangs).

Lamotte-Ternant. — Trapa natans L. (A.R.). — Etangs du Val-Croissant.

<center>~~~~~~~~~~~~~~~~~~</center>

ABRÉVIATIONS :

(R.) Rare. — (T.R.) Très rare. — (A.R.) Assez rare.

L. : Linné.	Sw. : Swartz.
C. a. Mey. : C. a Meyer.	M. et K. : Mertens et Koch.
Poit. et Turp. : Poiteau et Turpin.	Gren. et Godr. : Grenier et Godron.
Delarb. : Delarbre.	Rehb. : Reichenbach.
Gœrtn. : Gœrtner.	Dietr. : Dietrich.
Desv. : Desvaux.	Cham. et Schlech. : Chamisso et
Jacq. : Jacques.	Schlechtenal.
Schreb. : Schreber.	

RENSEIGNEMENTS

Altitudes. — Saulieu, 538 m. — Alligny-en-Morvan, 454 m. — Les Settons, 650 m. — La Pierre-qui-Vire, 450 m. — Thoisy-la-Berchère, 410 m. — Montsauche, 550 m. — Mont-St-Jean, 491 m. — Mont Moux, 696 m. — Gros Moux, 723 m. — Roche du Chien, 412 m. — Dun-les-Places (Calvaire), 590 m. — Dolmen Chevresse, 587 m. — Château de Thil, 476 m. — Signal de Bar, 555 m. — Quarré-les-Tombes, 460 m.

Agence de location. — Renseignements sur les Maisons, Propriétés, Appartements meublés ou non, à louer pour la saison.

S'adresser au Bureau du Syndicat.

Bureau de renseignements. — Mon G. GERVAIS, 10, Rue du Marché. — Cartes routières, Guide A.C.F. et T.C.F. Continental, Michelin, Taride, etc... Excursions individuelles et collectives, Pension, Séjour, etc., etc.

Cultes. — Catholique : Eglise St-Andoche, le Dimanche 6 h. et 10 h. La Semaine : 7 h., 7 h. et demie et 8 h.

Eglise St-Saturnin : Le Dimanche, 7 h.

Hôpital : Tous les jours à 7 h.

Gares. — Grande vitesse — Ouverture du 1er Avril au 30 Septembre, de 6 h. du matin à 8 h. du soir; du 1er Octobre au 31 Mars, de 7 h. du matin à 8 h. du soir. — Dimanches et jours fériés la gare est fermée à 11 h. du matin, tant à la réception qu'à la livraison des marchandises.

Postes, Télégraphe et Téléphone. — Rue du Collège. Ouverte les jours de semaine de 7 h. à midi et de 2 h. à 7 h. du soir. Dimanches et jours fériés : du 1er Mars au 1er Novembre de 7 h. à 10 h. du matin, du 1er Novembre au 1er Mars, de 8 h. à 11 h. du matin.

Pêche à l'étang de Montivent. — En face la station Saulieu-Montivent (chemin de fer de Corbigny), à 5 minutes de la ville.

Permis délivrés : **au Bureau du Syndicat.**

Voitures publiques et d'excursions. — Tous les Dimanches au Monastère de la Pierre-qui-Vire. — Tous les Jeudis au Château de Thoisy-la-Berchère.

TABLE DES MATIÈRES

LE MORVAN

Saulieu et sa Région (Syndicat d'Initiative)

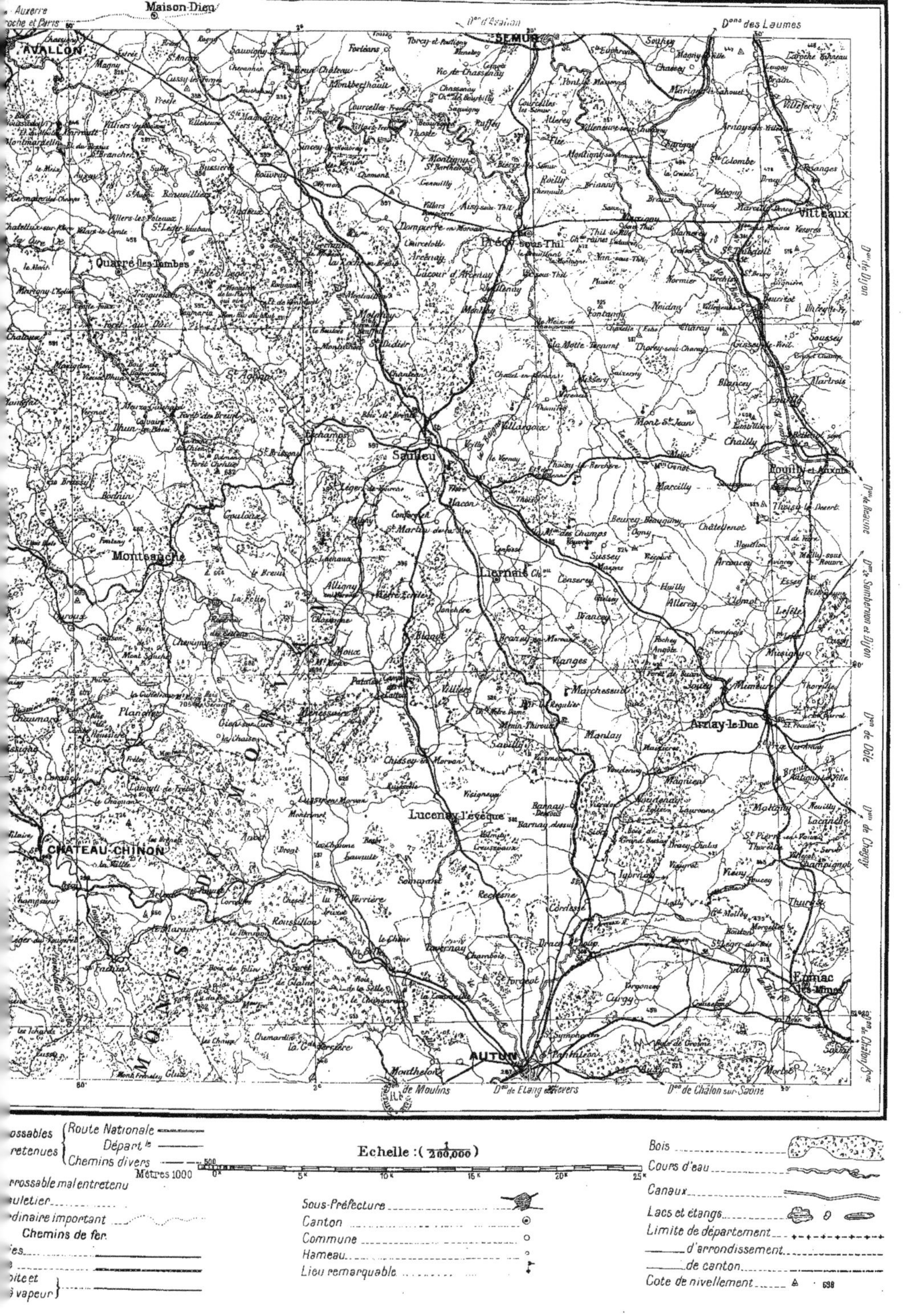

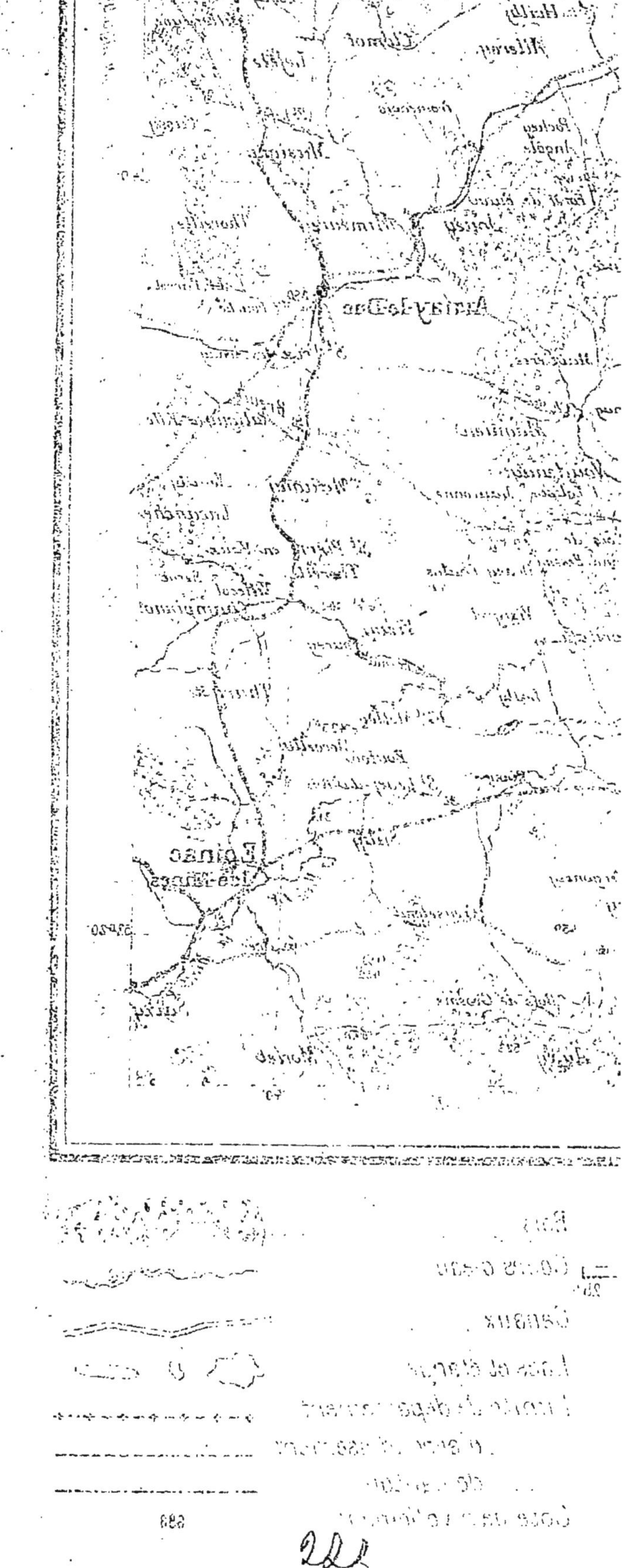

Guides Conty

Rue Bonaparte — PARIS (6ᵉ Arr.)

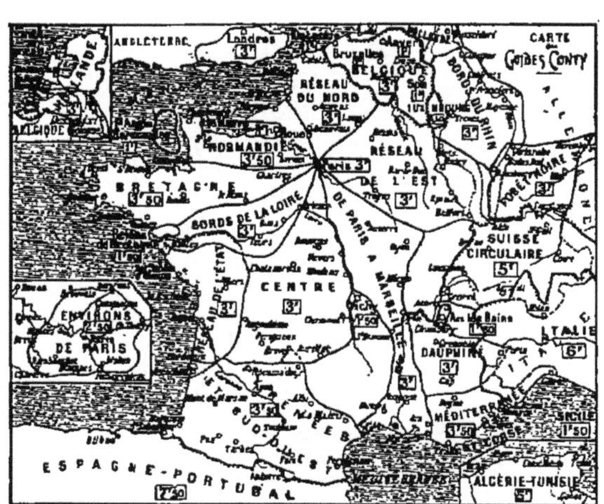

Guides pour la France

en poche...............	3. »	Les Pyrénées..............	**3.50**
...ons de Paris.........	**2.50**	Algérie et Tunisie........	**5.** »
...andie...............	**3.50**	Dauphiné.................	**3.** »
...ne...................	**3.50**	Paris-Marseille...........	**3.** »
... de la Loire.........	3. »	La Méditerranée..........	**3.50**
...u du Nord...........	3. »	Aix-les-Bains	**1.50**
...u de l'Est...........	3. »	Vichy en poche..........	**1.50**
...u de l'État..........	3. »	Les Reines de Bretagne....	**1.50**
...ntre.................	3. »	Rouen et Le Havre.......	**1.** »

Guides pour l'Étranger

...ue..................	3. »	Londres en poche........	**3.** »
...de	3. »	Bords du Rhin...........	**3.** »
...bourg	**1.50**	Forêt-Noire..............	**3.** »
...les	**1.** »	Ostende..................	**1.** »
...s...................	**1.** »	Iles Anglo-Normandes....	**1.** »
....	5. »	Spa.....................	**1.** »
....	6. »	Sicile...................	**1.50**
...e-Portugal.........	**7.50**		

EN VENTE PARTOUT

contre mandat ou bon de poste adressé à l'Administration

GUIDES CONTY, 37, rue Bonaparte, Paris (6ᵉ arr.)

CARTES POSTALES
G. GERVAIS
SAULIEU
Le Morvan Illustré
SAULIEU — La Rue de la Foire